성공적인 개인 투자를 위한

ETF
안내서

성공적인 개인 투자를 위한

ETF
안내서

안해성 지음

지음미디어

"Why ETF is eating the World?"

2011년 미국 최대 벤처캐피탈^{VC} a16z의 투자자 마크 앤드리슨은 〈월
스트리트 저널〉에 다음과 같이 기고했다. "어째서 소프트웨어가 세상
을 삼키고 있는가$^{Why\ Software\ is\ eating\ the\ World}$." 여섯 단어로 이뤄진 단순한
문장이지만 현시점에서도 전 세계 벤처 시장에서 가장 막강한 영향력
을 행사하고 있다.

과거 15년 정도를 회고하면 소프트웨어의 시대라고 불러도 과언
이 아니다. 애플이 출시한 아이폰으로 인해 모바일 시대가 열렸으며
앱스토어라는 새로운 시장이 나타났다. 그리고 애플을 뒤이어 구글
과 아마존 같은 기업들이 등장했으며, 현재 이들은 소위 빅테크라는
이름으로 불린다. 모바일, 플랫폼 및 데이터 이코노미 등 표현이 다를
뿐 이들 중심에는 강력한 소프트웨어 생태계가 자리 잡고 있다. 그리

고 이 과정에서 쌓인 유저 데이터는 강력한 해자로 작용한다. 2022년 말 챗GPT가 등장해 AI 시대를 열게 된 배경에도 소프트웨어 기반의 방대한 데이터가 한몫한다. 그런 의미에서 앤드리슨의 선언은 시대를 앞질러 갔다는 평가를 받는다.

미국 서부에 위치한 실리콘밸리를 중심으로 소프트웨어가 IT 산업 패권을 빠르게 먹어 치워 갈 무렵, 동부 금융의 중심지 월스트리트에서 또 다른 변화가 진행되고 있었다. 이 흐름은 모바일이나 소프트웨어처럼 화려하지 않았다. 조용하며 은밀했다. 심지어 많은 비난을 받았다. 하지만 소프트웨어가 IT 산업의 판도를 변화시켰듯이 해당 흐름은 금융업의 판도를 완전히 재편했다. 바로 ETF다.

소프트웨어는 기술의 흐름이며, 하나의 단어로 설명하기에는 너무나 방대한 영역이다. 이에 비해, ETF는 일개 상품에 불과할 수 있다. 마치 주식처럼 상장되어 거래되는 펀드로 아주 명확하게 정의 가능하다. 하지만 이 일개 상품이 하나의 산업으로 성장했고, ETF를 중심으로 금융 산업을 재편했다. 보수적인 금융 산업의 특징을 고려한다면 이토록 단기간 내에 하나의 상품이 업의 중심으로 떠오르게 된 사례는 매우 이례적이다. 많은 시도와 도전 그리고 실패가 당연시되는 IT 산업 대비 금융업은 본질적으로 다르기 때문이다.

분산투자, 저비용, 장중 거래, 확장성, 비용 효과 그리고 투명성 이 여섯 가지 요소는 ETF에 막강한 상품성을 부여했고, ETF는 금융 산업을 정복했다.

이 책은 'Why ETF is eating the World?'라는 질문의 답을 찾고 싶었던 개인적인 욕심의 결과물이다. 이 책을 통해 개인의 성공적인 투자를 위한 ETF의 본질을 밝힐 예정이다. 책을 다 읽고 덮으면 독자는 왜 ETF 투자를 해야 하는지, 어떻게 투자해야 하는지, 그리고 좋은 금융 상품이란 무엇인지에 대해 명확한 확신을 갖게 될 것이다.

차례

PART 1   ETF 투자는 가장 우월한 전략이다

PART 2   ETF를 만든 선구자들은 이렇게 생각했다

PART 3   ETF 구조를 이해하면 다른 금융 상품은 눈에 들어오지 않는다

PART 4   ETF 유니버스는 무한히 확장한다

PART 5 좋은 ETF는 다음과 같이 고른다

"Why ETF is eating the World?"

PART
1

ETF 투자는
가장 우월한 전략이다

왜 ETF 투자를 해야 하는가?

중·장기적으로 가장 우월한 투자 전략이기 때문이다. 여기에는 두 가지 구조적인 이유가 있다.

첫 번째는 확률이다. S&P 500과 나스닥 지수들이 과거부터 현재까지 엄청난 퍼포먼스를 보였기에 주식은 채권과 같은 기타 자산 대비 우월한 수익률을 안겨 준다는 인식이 존재한다. 하지만 실제로 지난 90년 동안 상장된 기업 중 4%만이 채권보다 높은 수익률을 기록했다. 즉 개별 주식의 투자 성공률은 4%가 채 되지 않는다. 개별 종목에 투자하는 그 누구도 이 통계적 결과물에서 자유로울 수 없다. 개인과 기관 모두 말이다. 이를 극복하기 위해 어려우면서 불확실한 길과 쉬우면서 확실한 길이 있다. 전자는 장기간 4% 안에 들어가는 실력과 운을 필요로 한다. 후자는 S&P 500과 같은 전체 시장을 매수해 4% 확률을 피하는 방법이다. ETF는 단연코 후자를 택한다.

두 번째는 비용이다. ETF와 같은 금융 상품은 일반적인 제품이나 상품처럼 가격이 존재한다. 이를 운용 보수라고 표현한다. 흔히 복리의 마법을 언급하며 장기 투자를 장려하지만 수익률만 복리로 커지지 않는다. 비용 또한 복리로 늘어난다. 가령 7% 수익률로 원금을 2배 만드는 데는 10.3년이 걸리지만, 6% 수익률은 12년이 걸린다. 즉 매년 차이는 1%로 미미하나 시간이 누적되면 2년이란 세월의 격차가 벌어진다. 그러므로 낮은 보수는 확정적으로 투자 성과에 좋다. 그리고 ETF는 기타 금융 상품들 대비 운용 보수가 월등히 저렴하다.

결국 장기적 투자 성공을 위해선 두 가지 원칙을 지켜야 한다. 첫째, 분산투자를 통해 4% 확률을 피한다. 둘째, 최대한 낮은 비용을 유지한다. ETF는 이 원칙들을 모두 만족시킨다. PART 1에서는 ETF를 이해하기 위한 네 가지 핵심 키워드(4% 룰, 지수, 벤치마크, 비용)를 다룰 예정이다.

4%의 룰

대부분의 주식은
채권과 다를 바 없다

2018년 5월 앤드리슨의 기고문만큼이나 파격적인 글이 등장했다. "주식은 채권보다 수익률이 좋은가Do Stocks Outperform Treasury Bills?"

미국 애리조나 대학교 헨드릭 베셈바인더Hedrick Bessembinder 교수가 작성한 논문의 제목이다.

질문만 본다면 "해는 동쪽에서 뜨는가?" 혹은 "어린이와 어른이 싸우면 누가 이기는가?"처럼 들릴 수 있다. S&P 500과 나스닥 수익률을 보면 당연히 "그렇다"라는 답이 나올 수밖에 없기 때문이다. 애플이나 마이크로소프트 같은 개별 종목 수익률은 말할 것도 없다.

하지만 논문의 결과는 우리의 생각과 정반대다. 대다수의 주식 수익률은 채권 수익률과 비슷하거나 나쁘다. 도대체 어느 나라의 주식을 뜻하는 것일까? 중국 주식을 얘기하는 건가? 혹은 러시아와 브라질 같은 기타 개발도상국의 증시를 의미하는가?

　모두 아니다. 놀랍게도, 논문의 대상은 바로 미국 증시다. 논문에 따르면 1926년 이후 증시를 구성하는 기업 중 4%만이 채권 수익률을 상회하며 전체 주식시장 수익률을 견인했다. 다소 충격적인 결과다. 지금부터 논문의 내용을 상세히 살펴보자.

1926년부터 2016년까지의 결과

베셈바인더 교수는 미국의 뉴욕증권거래소^{NYSE} 및 나스닥 거래소를 포괄하는 CRSP^{Center for Research In Securities Prices} 데이터 베이스를 활용해 1) 개별 주식의 한 달 수익률과 2) 미국 정부가 발행한 국채의 한 달 수익률을 기반으로 논문을 작성했다. 데이터를 돌린 기간은 1926년부터 2016년까지로 총 90년이다.

　개별 주식의 한 달 수익률은 직관적이다. 가령 삼성전자의 주가가 6월 한 달 동안 5% 오르면 삼성전자의 6월 수익률은 5%다. 엔비디아의 주가가 1월 한 달 동안 10% 오르면 엔비디아의 1월 수익률은 10%다.

　반면 국채 금리는 좀 더 미묘하다. 우선 국채 수익률 및 국채 금리는 정부가 돈을 빌리고 이에 지급하는 이자를 뜻하는데, 금리는 통상 연율화되어 표기한다. 즉 채권 금리가 12%일 경우 이는 1년간의 수익률을 의미하며 한 달 수익률^{1M}은 12%를 12개월로 나눈 1%다.

예를 들어 [그림 1-1] 차트는 2002년부터 이어져 온 미국 국채 금리 추이를 보여준다. 그래프를 보면 2020년 코로나 기간부터 금리가 급진적으로 움직였음을 알 수 있다. 코로나 직후 중앙은행인 연준은 급격한 금리 인하를 단행했으며, 이에 따라 국채 금리 수익률도 제로에 수렴했다. 하지만 2022년도부터 인플레이션이 고개를 들기 시작하며 연준은 물가 상승을 억제하기 위해 빠르게 금리를 인상했다. 2024년 국채 금리는 5.5% 수준이며, 환산할 경우 실제 한 달 이자 수익률은 0.46%다.

그림 1-1 미국 1M 채권 금리 수익률

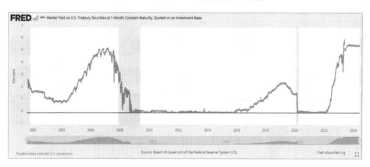

베셈바인더가 발표한 논문의 결과는 다음과 같다.

- 비교 대상: 개별 주식의 한 달 수익률 vs 미국 국채의 한 달 수익률
- 1926~2016년 사이 CRSP* 데이터 베이스에 등록되었던 상장 기업의 수: 2만 5,300개

- 채권 대비 2만 5,300개의 주식들이 추가적으로 창출한 자산 규모**: 35조 달러

  *CRSP에 등록된 기업의 수는 상장폐지 되거나 인수합병 되어 사라진 기업을 모두 포괄한다. 2024년 기준으로 미국 시장에 상장된 기업의 개수는 4,300개 정도다.

  **논문에서 베셈바인더는 채권 대비 주식이 만든 초과 자산 규모를 'Wealth Creation'이라고 칭한다.

　지난 90년 동안 주식이 채권 대비 35조 달러의 자산을 창출했으니, 이는 이론적으로 합당한 결과물이다. 여기까지만 보면 주식은 채권보다 우월하다고 결론지을 수 있다. 다만 디테일한 영역으로 내려가면 예상과 달리 매우 다른 결과들이 도출된다.

그림 1-2 베셈바인더 결과 그래프

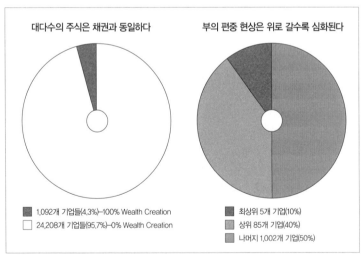

1. 1926~2016년 사이 채권 대비 주식이 추가로 창출한 35조 달러의 자산은 2만 5,300개 기업들 중 오로지 4.3%에 해당하는 1,092개 기업들의 작품이다. 나머지 95.7%에 해당하는 2만 4,208개 기업들의 수익률은 한 달 국채 금리에 불과했다. 리스크는 더 크게 부담했지만 안전자산인 국채 대비 추가적인 자산 창출이 없었던 셈이다(0% Wealth Creation).

2. 부의 편중 현상은 2만 5,300개의 전체 표본뿐만 아니라 35조 달러를 창출한 1,092개 기업들 사이에서 더 극명하게 드러난다. 35조 달러 중 10%는 애플, 마이크로소프트, IBM, 엑손 모빌 그리고 제너럴 일렉트릭으로 구성된 불과 5개 기업의 결과물이다.

3. 최상위 5개 기업을 포함한 90개 기업과 나머지 1,002개 기업의 기여도는 동일하다. 즉 부의 편중 현상은 위로 갈수록 극단적이다.

S&P 500과 나스닥처럼 개별 주식들의 집합체인 증시가 장기간에 걸쳐 국채보다 더 높은 수익률은 낸다는 점은 확실하다. 다만 지난 90년 동안 단 4.3%만의 주식이 국채보다 나은 수익률을 거뒀으니 베셈바인더의 논문처럼 증시와 종목이 서로 엇갈리는 결과를 만들어 낸 셈이다. 이유는 단순하다. 소수의 종목이 증시 수익률의 대부분을 견인했기 때문이다.

그림 1-3 양의 왜도

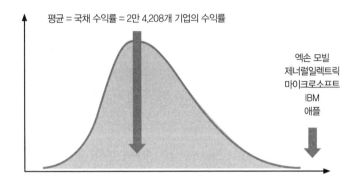

평균 = 국채 수익률 = 2만 4,208개 기업의 수익률

엑손 모빌
제너럴일렉트릭
마이크로소프트
IBM
애플

이를 통계학적으로 양의 왜도[positive skewness]라고 한다. 일반적인 표준편차가 아니라 오른쪽으로 길게 뻗어 있는 분포를 뜻한다. 대부분의 주식은 채권 수익률과 유사하기에 분포 가운데 있으나, 극소수 일부 종목이 표준편차 오른쪽 끝에 위치하며 지수 전체의 수익률을 견인하는 구조다.

4%의 룰

논문이 발표한 4% 통계 결과는 다음과 같이 해석 가능하다.

1. 액티브 투자: 한 줌에 불과한 4%만으로 지난 S&P 500과 나스닥의 수익률을 만들어 냈다. 4%만을 선별적으로 골라 투자할 수 있다면 더 큰 수익률을 기록할 수 있다.

2. 패시브 투자: 한 줌에 불과한 4%를 찾는 것은 건초 더미에서 바늘 찾기
   와 같다. 또한 시장의 테마와 흐름은 계속해서 바뀌기에 지속적인 4%
   발굴은 불가능에 가깝다. 그러니 시장 전체를 매수하는 전략이 타당
   하다.

해석은 개인의 몫이지만 현실적으로 액티브 투자를 자신 있게 선택
할 수 있는 사람들은 많지 않다. 절대다수는 패시브 투자가 보다 합리
적이라고 느낀다. 왜냐하면 4%를 찾는 수고 없이 전체 시장을 매수해
도 괜찮은 수익률을 낼 수 있기 때문이다. 당연히 분포의 오른쪽에 위
치한 4%에 해당하는 종목을 찾을 능력과 자신이 있다면 액티브 전략
에 집중 투자를 해야 한다. 물론 이는 결코 쉬운 일이 아니다.

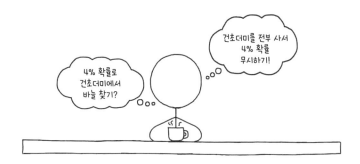

하지만 패시브 투자가 금융의 지배적인 투자 전략으로 떠오른 배경
에는 단순히 4%를 찾기 힘들다는 통계적 체념 때문이 아니다. ETF 산
업을 이끄는 자산운용사인 블랙록과 뱅가드가 1경 원 이상을 운용하

는 월스트리트의 거인이 되고, ETF가 최고의 금융 상품이 된 데는 통계적 요소만으로 설명이 불가능하다.

지금부터 그 답을 알아보자.

펀드

ETF의 모태

ETF는 Exchange Traded Fund의 약자로 상장지수펀드라고 한다. ETF를 제대로 알고 활용하기 위해서는 각기 다른 의미를 지닌 이 세 가지 단어를 모두 이해해야만 한다. [그림 2-1]에서 볼 수 있듯이 ETF 의 본질은 펀드다. 그러므로 이 장에서는 상장지수펀드 중 '펀드'를 먼 저 다룰 예정이다.

그림 2-1 상장지수펀드

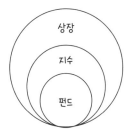

펀드의 상품 가치

우선 가장 익숙한 단어인 펀드부터 가볍게 살펴보자. 펀드는 자산운용사와 같은 금융기관이 투자자들로부터 돈을 모아 주식과 채권 같은 자산에 투자하여 발생하는 수익을 투자자들에게 다시 돌려주는 금융 상품이다.

펀드 A가 투자자 100명으로부터 1억 원씩 모으면 100억 원짜리 펀드가 조성된다. 흔히 펀드 사이즈는 AUM이라고 칭하는데, 이는 Asset Under Management(운용자산)의 줄임말이다. 예를 들어 펀드 A가 엔비디아와 인텔 같은 미국 반도체 기업들에 투자해 100% 수익을 냈을 경우 AUM은 기존 100억 원에서 200억 원으로 증가한다.

그리고 펀드 A를 운용하는 자산운용사는 운용에 대한 대가로 1%의 보수를 수취한다. 이를 운용 보수라고 한다. 가령 펀드 사이즈가 100억 원일 때는 연간 1억 원을 받고, 사이즈가 200억 원이 되면 연간 2억 원을 수취하는 구조다.

ETF의 모태가 되는 펀드가 금융 상품으로써 지니는 상품 가치는 무엇인가?

본디 투자 서비스란 부자들만의 전유물이었다. 일반인들이 접근할 수 있었던 자산 증식 수단은 예금과 적금 정도가 전부였다. 물론 과거에는 금리가 높았기에 사람들은 제한적인 금융 서비스에 대해 큰 불편함을 느끼지 못했을 수 있다. 은행에 예치만 해도 매년 확정적으로 10% 수준의 수익을 제로 리스크로 얻을 수 있었기 때문이다. 다만 시간이 지날수록 대중의 눈높이가 올라가며 소수에게만 제공됐던 투자 서비스는 펀드라는 형태로 대중화되기 시작했다. 금융업의 대중화, 혹은 민주화라고 칭할 수도 있다.

펀드가 지닌 첫 번째 상품 가치는 바로 전문 인력의 자산 관리다. 본업이 투자가 아닌 경우 정보와 분석에 한계가 있을 수밖에 없다. 그래서 투자 전문 인력에 운용을 위탁한다. 만약 본업이 반도체 설계라면 대부분의 펀드매니저보다 반도체 투자를 더 잘할 수 있다. 하지만 이런 사람은 몇 되지 않는다. 그렇기에 자산 증식의 수단인 투자 관점에서 정보와 분석의 우위를 지닌 전문 인력에 맡긴다.

두 번째는 바로 분산투자다. 예를 들어 전 재산이 100만 원이고, 애플 주식이 25만 원이라고 가정해 보자. 애플 한 주를 사는 순간 자산의 25%가 애플로 구성된다. 원하든 원하지 않든 자산이 소수 종목에 집중되며 상대적으로 투자 리스크가 커진다.

펀드는 이 문제점을 해결해 준다. 집합투자 기구인 펀드는 불특정 다수로부터 자금을 모집한다. 100만 원은 그렇게 큰돈은 아니지만, 펀드의 가입자가 많아질수록 펀드 규모는 기하급수로 늘어난다. 우리나라에도 조 단위 펀드가 있으며, 해외의 경우 그 규모가 수십, 수백조 원에 달한다. 이런 펀드에 가입하면 투자하는 금액과 상관없이 펀드 전체와 동일한 수익률을 영위할 수 있다. 즉 펀드가 수십 개 종목에 분산투자 해서 10% 수익률을 얻으면 투자한 금액과 무관하게 10%란 과실을 누리는 구조다. 100만 원이란 금액으로 엔비디아, AMD, 애플, 마이크로소프트 등 여러 자산에 분산투자 한 효과를 얻을 수 있다.

펀드란?

운용 보수라는 비용을 지급하고 전문 인력의 투자 서비스를 제공받으며 분산투자 효과를 누릴 수 있는 금융 상품

펀드의 작동 구조

펀드의 작동 원리는 명료하다. 우선 펀드로 들어오고 나가는 돈이 있다. 유입되는 자금을 설정^{Subscription}, 그리고 유출되는 자금을 해지^{Redemption}라고 한다. 운용 보수는 AUM, 즉 펀드 사이즈에 비례하기에 설정이 많을수록 펀드를 운용하는 운용사에 득이 되고, 해지가 클수록 해가 된다.

펀드 운용의 핵심은 설정 및 해지에 따른 편입비$^{Fund\ Ratio}$ 유지에 달려 있다. 편입비란 전체 AUM 대비 자산에 투자한 자금의 비율을 의미한다. 예를 들어 AUM이 100억 원인데, 주식에 80억 원을 투자했다면 이 펀드의 편입비는 80%가 된다. 만약 레버리지를 사용해 대출을 받아 주식을 120억 원 매입한 경우 편입비는 120%가 된다.

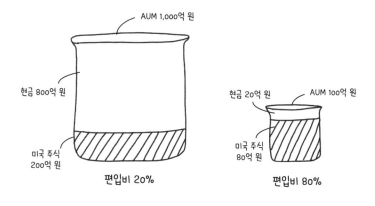

AUM 1,000억 원

현금 800억 원

미국 주식
200억 원

편입비 20%

현금 20억 원   AUM 100억 원

미국 주식
80억 원

편입비 80%

편입비 = 자산에 투자한 금액/AUM

편입비가 중요한 이유는 펀드 성과에 미치는 수익률은 자산 수익률과 편입비에 비례하기 때문이다. 가령 하루에 주식이 10% 오르면, 편입비가 100%인 펀드에서 펀드 수익률은 10%가 된다. 편입비가 80%면 펀드 수익률은 8%가 되며, 편입비가 120%라면 펀드 수익률은 12%가 되는 구조다. 그렇기에 어떤 종목과 자산에 투자하냐도 중요하지만, 얼마만큼 편입비를 유지하냐도 그에 못지않게 큰 영향을 미친다.

더 나아가 설정과 해지가 중요한 이유는 자금 유·출입이 편입비에 지속적으로 영향을 미치기 때문이다. 예를 들어 AUM 100억 원인 펀드에서 100억 원 전부를 미국 주식에 투자해 편입비를 100%로 맞췄다고 가정하자. 만약 다음 날 펀드에 100억 원이 설정되면, 해당 편입비는 50%로 감소한다. 자명한 사실이지만 편입비를 100%로 유지하기 위해서는 설정되는 100억 원만큼 미국 주식을 추가 매수해야 한다. 만약 편입비가 50%가 된 날에 시장이 10% 오른다면, 펀드 수익률은 그 절반에 불과한 5%가 된다. 이러한 불상사를 피하기 위해 설정과 해지 모니터링은 펀드 운용의 핵심이다.

결국 펀드 수익률은 자산, 편입비, 설정 및 해지가 모두 반영된 종합 결과물이다. 그런데 펀드 수익률 자체는 명확한 숫자로 산출이 가능하지만, 이 수익률이 좋고 나쁨은 어떻게 판단할까? 5% 수익률은 좋은 수익률인가, 나쁜 수익률인가? 10% 수익률은 어떠한가?

이러한 평가를 하기 위해서는 지수라는 개념을 알아야 한다.

CHAPTER 03

지수 Index

금융시장을 이해하기 위한 지도

지수는 ETF뿐만 아니라 금융시장을 이해하는 데 가장 중요한 개념 중 하나다. 복잡한 금융 언어를 배제하고 직관적으로 지수가 무엇인지 알아보자.

지수의 보편적인 개념

외계인이 어느 날 지구에 찾아오면 지구를 어떤 방식으로 이해할까?

우선 지리를 기준으로 이해할 수 있다. 지구에는 대륙이 크게 7개이고 큰 바다가 5개가 있으니 지구라는 별을 오대양 칠대주로 나눌 수 있다.

나이에 따라 분류할 수도 있다. 어린이, 청소년, 성인 그리고 노인 이렇게 4개의 그룹이 나온다.

아마 외계인의 눈에는 피부색도 하나의 기준점이 될 수 있다. 지구는 황인, 백인 그리고 흑인으로 구성된 별이라고 정의 가능하다.

지구라는 미지의 별을 이해하기 위해 다양한 기준점을 적용할 수 있다. 그리고 기준점에 따라 외계인의 입장에서 지구는 다양한 방식으로 해석이 가능해진다.

지리 ▸ Alien Earth Geography Index ▷ 구성 종목: 오대양 칠대주의 12개 종목

나이 ▸ Alien Earth Age Index ▷ 구성 종목: 나이에 따라 총 4개 종목

피부 ▸ Alien Earth Skin Color Index ▷ 구성 종목: 피부색에 따라 총 3개 종목

결국 지수는 무언가를 쉽게 이해하고 측정하기 위한 도구다. 지구라는 별은 그 자체로 보면 그냥 우주에 떠 있는 수많은 별 중 하나에 불과하다. 딱히 특색 없는 덩어리처럼 보일 수 있다. 하지만 그 별을 여러 잣대를 활용해 쪼개고 해석함으로써 대상을 향한 이해 수준을 향상할 수 있다.

무언가 어려워 보일 수 있지만 이미 우리 모두는 지수를 사용하고 있다. 개인의 성과를 측정하기 위해 KPI(핵심성과지표)를 사용한다. 개

인뿐만 아니라 국가도 마찬가지다. 국가의 성과를 측정하는 가장 대표적인 지수가 바로 GDP다. GDP 사이즈와 분기 및 연간 GDP 성장률을 통해 특정 국가를 '측정'한다. 만약 GDP의 개념이 없다면 선진국과 개발도상국의 차이를 무엇으로 한눈에 구분 지을 수 있을까?

결국 지수를 만들고 이를 사용하는 행위는 이미 우리의 삶에 깊숙이 들어와 있는 사고방식이다.

금융 지수의 개념

투자도 마찬가지다. 글로벌 증시를 대표하는 미국 주식시장은 하나의 덩어리다. 마치 지구와 같아서 그 자체로는 의미가 없다. 이해하기도 힘들고 활용하기도 지난하다. 그러므로 우리의 이해도를 끌어올리기 위해서는 덩어리로 존재하는 미국 주식시장을 특정 기준으로 쪼개야 한다. 마치 외계인들이 지구를 지리, 나이 그리고 피부색 등으로 분류하는 것처럼 말이다.

금융시장의 가장 보편적인 잣대는 바로 기업의 사이즈다. 이를 전문 용어로 시가총액Market Capitalization이라고 한다. 그리고 지수는 일반적으로 크게 세 가지 요소로 구성된다.

• 만든 이: DUDE

- 대상: 미국 전체 주식시장US Stock Market Index
- 분류 방법론: 시가총액 기준

이 세 가지를 조합하면 DUDE 미국 전체 주식시장 지수DUDE US Stock Market Index가 탄생한다. 이때 분류 방법론은 이름에서 주로 생략한다. 여기서 더 나아가면 기업 사이즈를 기준으로 지수를 한 번 더 분류할 수 있다. 일반적으로 기업 크기는 대형, 중형 그리고 소형으로 나눈다.

- DUDE US Stock Market Large Cap Index = DUDE가 만든 미국 대형주 중심의 지수
- DUDE US Stock Market Medium Cap Index = DUDE가 만든 미국 중형주 중심의 지수
- DUDE US Stock Market Small Cap Index = DUDE가 만든 미국 소형주 중심의 지수

여기까지 이해했으면 이제 금융시장의 지수가 무엇인지 직관적으로 알 수 있다.

- 미국의 S&P 500은 무엇인가? S&P Dow Jones (다우존스)라는 회사가 미국을 대표하는 대형주 500개를 추려서 만든 지수이다. 여담이긴 하지만 2024년 기준으로 정확히 500개 아니라 503개다. 하지만 보통 500

개라고 표현한다.

- 일본의 NIKKEI 225는 무엇인가? 일본 니케이 신문이 일본을 대표하는 대형주 225개를 추려서 만든 지수이다.
- 중국의 CSI 300은 무엇인가? 중국 본토를 대표하는 300개 대형주로 구성된 지수이다.
- 한국의 KOSPI 200은 무엇인가? 한국을 대표하는 200개 대형주로 만들어진 지수이다.

시가총액 외에 지수로 많이 사용되는 잣대 중 하나로 산업Sector이 있다. 다음 [그림 3-1]은 2025년 1월 기준으로 S&P 500 지수를 구성하는 산업별 구성 비중(총 11개 섹터)이다.

그림 3-1 S&P 500 산업별 비중(2025년 1월 기준)

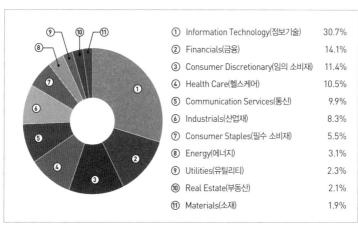

①	Information Technology(정보기술)	30.7%
②	Financials(금융)	14.1%
③	Consumer Discretionary(임의 소비재)	11.4%
④	Health Care(헬스케어)	10.5%
⑤	Communication Services(통신)	9.9%
⑥	Industrials(산업재)	8.3%
⑦	Consumer Staples(필수 소비재)	5.5%
⑧	Energy(에너지)	3.1%
⑨	Utilities(유틸리티)	2.3%
⑩	Real Estate(부동산)	2.1%
⑪	Materials(소재)	1.9%

출처: S&P Global

오픈AI의 챗GPT 등장 이후 IT 섹터 주가가 고공 상승하고 있다. 이로 인해 S&P 500을 구성하는 종목 중 IT^Information Technology 비중이 30.7%로 가장 높다. 그다음으로 비중이 높은 분야는 14.1%를 차지하는 금융^Financials 업종이다. 즉 미국 주식시장은 1) 기업의 크기를 뜻하는 시가총액으로 한 번 쪼갤 수 있고, 2) 다시 산업별로 접근이 가능하다. 물론 다른 방법도 얼마든지 가능하다.

단순하게 말하면 지수는 금융시장을 탐험하기 위한 지도와 같다. 지도는 실제 세상이 아니다. 실제 세계를 특정 방식으로 압축해 재해석한 결과물이다. 지도가 없으면 탐험이 불가능하듯, 지수가 없다면 금융시장이란 복잡한 세계를 나아갈 수 없다.

좋은 지도가 실제 세상이 지닌 특성을 가장 잘 표현하듯이, 좋은 지수는 실제 금융시장을 잘 반영해야만 한다.

지수란?
시장이라고 불리는 덩어리^unknown를 이론적인 방식(시가총액 혹은 섹터 등)으로 쪼개고 재구성(시가총액 상위 500개 혹은 IT와 같은 특정 섹터 위주의 분류)한 결과물

C
H
A
P
T
E
R

04

벤치마크 Benchmark

성과 평가를 위한 척도

앞에서는 ETF를 구성하는 3대 요소 중 '펀드'와 '지수'를 다뤘다. 이번 장에서는 지수라는 개념을 보다 확장해 벤치마크에 대해 알아볼 것이다. 벤치마크를 통해 우리는 ETF의 원형인 인덱스 펀드에 보다 가까워질 수 있다.

금융이란 상대성 이론

금융은 우리가 익히 알고 있는 제조업과 다르다. 더 좋고 나쁘고를 떠나 작동하는 원리가 다르다. 기본적으로 제조업 작동 방식은 고객이 필요로 하는 스펙에 맞춰 상품을 정밀하게 만드는 데 있다. 속도, 내구

력 및 탄력성 등 제조업에서 요구되는 스펙은 절대 평가다. 요구되는 스펙을 맞추면 좋은 제품이다. 그렇지 않으면 경쟁력이 떨어지며 시장에서 퇴출된다.

하지만 금융은 다르다. 수익률이 스펙이라면 이 수익률이 좋다, 나쁘다는 그 자체로 결정되지 않는다. 10%란 수익률은 아무런 의미를 지니지 않는다. 20%란 수익률 또한 마찬가지다. 반대로 -5%란 수익률 또한 마찬가지다. 마이너스라고 무작정 나쁘다고 볼 수 없다. 왜 그런 것일까?

금융시장에 돌아다니는 수백만 개의 숫자들은 기준점과 비교를 통해 그 의미를 부여받는다. 주로 사용되는 기준점은 중앙은행의 기준 금리다. 시야를 한국으로 고정한다면 한국은행이 결정하는 금리다. 관점을 글로벌하게 넓히면 미국 중앙은행인 연준이 정하는 금리Federal Funds Rate다. 혹은 기준 금리와 여러 경제 전망을 기반으로 움직이는 미국 10년물 국채 금리가 기준점으로 많이 활용된다.

다시 돌아가서 10%란 수익률은 좋은 숫자인가? 어디까지나 금리가 낮을 때는 그렇다. 코로나 때처럼 연준이 금리를 0.25%로 유지하고 10년물 국채 금리가 1% 수준에서 움직이는 상황이라면 10%란 수익률은 매우 좋은 수익률이다.

하지만 기준 금리가 12%라면 어떨까? 모든 리스크를 지고 주식시장에 투자했는데 수익률이 10% 나왔다. 그렇다면 이는 좋은 수익률이라고 볼 수 없다. 왜냐하면 리스크를 전혀 부담하지 않고 은행에 예금하면 12% 수익률이 나오는데, 모든 리스크를 짊어지고 얻은 초과 수익률이 되려 2%나 낮기 때문이다.

좋은 수익률

나쁜 수익률

이러한 상대성을 가장 잘 대변하는 자산이 바로 환율이다.

한국이 2024년 10% GDP 성장률을 기록했다고 가정해 보자. 어마어마한 수치다. 그렇다면 한국의 원화는 10%만큼 강해지는가? 아쉽게도 그 답은 미국에 달려 있다. 만약 미국의 GDP 성장률이 2024년에 0%라면, 이론적으로 원화는 미국 달러 대비 10% 절상될 수 있다. 반면 미국이 2024년에 15% 성장률을 기록하면 어떻게 될까? 단순 계산으로 원화는 달러 대비 5% 절하된다. 즉 환율이 5% 오른다.

반대로 한국이 2024년에 마이너스 10% GDP 성장을 기록했다. 소름 돋는 숫자다. 그렇다면 원화는 10% 절하되는가? 이 또한 답은 미국에 달려 있다. 갑자기 미국에 금융위기가 와서 마이너스 15% 성장을 기록한다면 원화는 되려 5% 절상된다. 즉 심각한 공황 속에서도 환율은 이론적으로 5% 상승할 수 있다.

물론 이는 현실의 다양한 변수들을 제외한 단순 계산이지만 이야기의 핵심은 바로 상대성이다. 적합한 기준점을 잡고 이와 비교함으로써 평가가 가능하다.

이와 같은 상대성을 이해하면 Chapter 1에서 베셈바인더가 주식과 채권 수익률을 비교한 이유를 알 수 있다. 일견 주식과 채권은 서로 다른 종류의 자산이다. 예를 들어 특정 사과의 퀄리티를 측정하기 위해서는 비교 대상이 사과여야 한다. 특정 사과를 귤과 비교하거나, 수박과 비교하는 것은 아무런 의미가 없다. 그럼에도 불구하고 주식과 채권이라는 서로 상이한 자산을 비교한 이유는 채권이라는 기준점을 기반으로 주식을 평가하기 위해서다.

정부가 발행하는 국채, 즉 국가가 발행한 부채는 리스크가 가장 낮은 자산이다. 아무리 애플과 아마존 같은 대형 테크 회사들이 대단하다고 하지만, 기업이 망할 확률은 미국 정부가 망할 확률보다 현저히 높을 수밖에 없다. 지구상에서 가장 마지막까지 살아남을 단체나 조직이 있다면 이는 곧 미국 정부일 가능성이 크다. 그러므로 미국 정부가 발행한 채권은 가장 리스크가 낮으며, 수익률 또한 가장 낮을 수밖에 없다. '하이 리스크, 하이 리턴' 및 '로우 리스크, 로우 리턴'이란 상식이 반영된 결과다. 이러한 이유에서 국채, 특히 미국 정부가 발행한 국채는 금융시장의 기준점이 된다.

결론적으로 위험도가 더 높은 주식은 이론적으로 국채 수익률보다 더 높은 수익률을 내야 한다. 기업이 발행하는 주식은 상환 의무가 있는 채권보다 위험성이 크기 때문이다. 심지어 일반 채권도 아닌 미국 정부가 발행한 국채다. 위험도 차이에 따른 충분한 보상이 있어야 한다.

그렇다면 금융시장에서 위험도가 가장 높은 주식과 위험도가 가장 낮은 채권, 심지어 일반 채권도 아닌 미국 정부가 발행한 채권을 서로 비교하는 목적은 무엇인가? 바로 리스크가 다른 두 자산 간의 수익률 차이, 즉 스프레드를 보기 위해서다. 이 스프레드가 클수록 주식의 매력이 커진다. 리스크에 대한 보상이 커지기 때문이다. 반면 스프레드가 작거나 차이가 나지 않으면 어떻게 되는가? 주식투자에 대한 매력도가 감소한다. 결국 베셈바이어가 상이한 두 자산을 직접적으로 비교한 배경에는 주식이 국채 대비 지니는 스프레드, 즉 상대적으로 얼마나 매력적인지를 산출하기 위함이다.

> 금융은 상대성 게임이다.
> 좋고 나쁘고는 외부 기준점과 비교를 통해서만 결정된다.

벤치마크

금융이 지닌 상대성이란 본질을 이제 펀드에 도입해 보자.

펀드는 일반적으로 다양한 자산에 투자한다. 주식, 채권, 원자재, 부동산 등 투자 대상은 다양하다. 그리고 펀드에서 주력으로 담는 자산 형태에 따라 펀드는 주식형 펀드, 채권형 펀드 및 원자재 펀드로 분류된다. 예시는 다음과 같다.

- DUDE가 운용하는 펀드 A. 미국 주식에 70% 이상 투자 ▶ DUDE 미국 주식형 펀드

- DUDE가 운용하는 펀드 B, 한국 주식에 70% 이상 투자 ▶ DUDE 한국 주식형 펀드
- DUDE가 운용하는 펀드 C, 미국 기술 주식에 70% 이상 투자 ▶ DUDE 미국 기술주 펀드
- DUDE가 운용하는 펀드 D, 일본 주식에 70% 이상 투자 ▶ DUDE 일본 주식형 펀드

이 펀드들의 한 해 성과를 어떻게 측정하고 평가할 수 있을까? 여기서 다시 지수가 등장한다.

미국 기술주에 투자하는 펀드라면 미국의 대표적인 나스닥을 기준으로 삼을 수 있다. 보다 전반적인 미국 주식시장에 투자한다면 S&P 500 지수가 적합할 수 있다. 한국에 투자하는 펀드라면 한국의 대표적인 지수인 코스피가 기준이 된다.

물론 올바른 지수를 평가 잣대로 지정해야 한다. 만약 펀드가 미국 주식에 투자하는데, 평가 기준이 되는 지수가 코스피라면 적절하지 않다. 반대로 주식형 펀드에 채권형 지수를 평가 잣대로 삼아서도 안 된다. 오답 답안지로 시험 문제를 채점하지 않듯이 펀드의 성과 평가도 마찬가지다.

보다 전문적으로 평가 기준이 되는 지수를 바로 벤치마크[BM]라고 표현한다. 그렇다면 이 펀드들의 벤치마크는 다음과 같다.

- DUDE 미국 주식형 펀드 ▷ BM: S&P 500 지수
- DUDE 한국 주식형 펀드 ▷ BM: 코스피 지수
- DUDE 미국 기술주 펀드 ▷ BM: 나스닥 지수
- DUDE 일본 주식형 펀드 ▷ BM: 니케이 225 지수

지수가 벤치마크가 될 수 있는 이유는 지수 자체가 금융시장을 상징하는 하나의 기준점이기 때문이다. 모든 지수가 벤치마크가 되지는 않지만, 모든 벤치마크는 기본적으로 지수다.

벤치마크를 기준으로 판단하면 펀드의 성과 평가는 명료해진다. 펀드 성과가 벤치마크를 상회하면 아웃퍼폼Out-perform, 반면 벤치마크를 하회하면 언더퍼폼Under-perform이다. 예를 들어 DUDE 미국 지수형 펀드의 한 해 수익률이 15%이고, 벤치마크인 S&P 500 지수 수익률이 10%라면 DUDE는 시장을 아웃퍼폼했다. 반대로 DUDE 수익률이 5%라면, DUDE는 시장을 언더퍼폼했다.

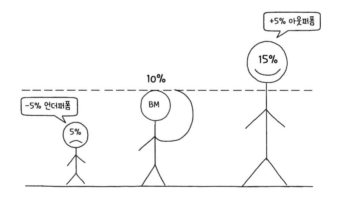

결국 펀드는 상품성을 증명하기 위해 지속적으로 벤치마크를 상회한 결과를 내야 한다. 벤치마크를 상회하는 수익률을 바로 초과 수익이라고 하는데, 이를 창출하고 극대화하는 것이 모든 펀드가 지닌 지상 과제다. 그리고 벤치마크를 이기기 위한 전략을 바로 액티브 투자Active Investing 혹은 이 전략을 구사하는 펀드들을 액티브 펀드Active Fund라고 부른다.

그런데 모든 사람이 시장을 이기려 노력할 때, 어느 날 혹자는 '시장을 단순히 추종하면 어떨까'라는 생각을 했다. 더 나아가 시장을 단순 추종하는 전략이 우월하다는 결론을 내렸다.

이 생각과 전략이 반영된 결과물이 바로 인덱스 펀드다.

인덱스 펀드

저비용 분산투자

액티브 전략이 주류를 이룰 때 혹자는 이렇게 생각했다.

"시장을 이기려 하지 않고 벤치마크 자체를 맹목적으로 추종하면 어떨까?"

단순한 질문이지만, 이면에는 펀드 운용에 대한 심오한 고찰이 담겼다. 벤치마크를 그대로 트래킹하는 이 전략을 패시브 투자Passive Investing라고 하며, 이를 구사하는 펀드를 인덱스 펀드라고 한다.

글로벌 투자자들이 ETF에 열광하는 이유는 그 모태가 되는 인덱스 펀드가 지닌 낮은 비용 때문이다. 이번 장에서는 이 비용에 대해 집중적으로 알아보자.

비용, 과연 어느 정도 저렴한가?

[그림 5-1]은 글로벌 펀드 리서치 기관인 모닝스타가 매년 발표하는 'U.S. Fund Fee Study'에서 발췌한 그래프다. 총 6개의 그래프 중 다음 3개 선(①, ②, ③)을 눈여겨봐야 한다.

그림 5-1 모닝스타 운용 보수 트렌드 1

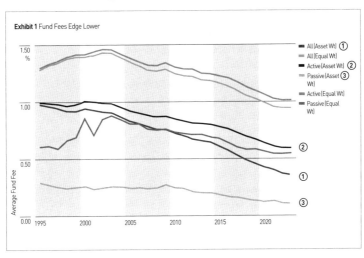

출처: Morningstar direct(2023, 12, 31)

① All$^{Asset\ Wt}$: 모든 펀드의 가중 평균 운용 보수

② Active$^{Asset\ Wt}$: 액티브 전략 펀드들의 가중 평균 운용 보수

③ Passive$^{Asset\ Wt}$: 패시브 전략 펀드들의 가중 평균 운용 보수

2023년 말 기준 액티브와 패시브 펀드를 통틀어 평균 운용 보수는 0.36%다. 하지만 개별적으로 살펴보면 패시브 상품의 운용 보수는 0.11%로 액티브 펀드의 0.59% 대비 압도적으로 저렴하다. 그래프를 통해 알 수 있듯이 운용 보수 감소 추이는 오늘내일 일이 아니다. 2000년도부터 시작되어 왔으며, 지금 이 순간도 지속적으로 감소하는 중이다.

분야별로 쪼개서 보면 액티브와 패시브의 차이는 더욱 확연해진다.

그림 5-2 모닝스타 운용보수 트렌드 2

Exhibit 2 Investors' Average Fund Costs by Asset-Weighted Average Fees

	Active					Passive				
	2019	2020	2021	2022	2023	2019	2020	2021	2022	2023
U.S. Equity	0.68	0.66	0.64	0.61	0.60	0.09	0.09	0.09	0.08	0.08
Sector Equity	0.83	0.81	0.79	0.78	0.80	0.27	0.27	0.27	0.25	0.24
International Equity	0.79	0.76	0.73	0.71	0.69	0.20	0.18	0.18	0.18	0.17
Taxable Bond	0.57	0.53	0.47	0.46	0.47	0.11	0.10	0.09	0.08	0.08
Muni Bond	0.51	0.47	0.45	0.44	0.45	0.17	0.15	0.14	0.12	0.11
Allocation	0.64	0.61	0.59	0.58	0.59	0.47	0.41	0.39	0.38	0.39
Alternative	1.53	1.30	1.14	1.14	1.17	1.08	1.14	1.94	1.57	1.51
Commodities	0.75	0.64	0.61	0.69	0.74	0.43	0.40	0.40	0.42	0.38
All Funds	**0.67**	**0.64**	**0.61**	**0.59**	**0.59**	**0.13**	**0.12**	**0.13**	**0.11**	**0.11**

Source: Morningstar. Data as of Dec. 31, 2023.

출처: Morningstar direct(2023. 12. 31)

- 2023년 기준 미국 주식형 액티브 펀드의 운용 보수 0.60% vs 패시브 펀드의 운용 보수 0.08%

- 2023년 기준 글로벌 주식형 액티브 펀드의 운용 보수 0.69% vs 패시브 펀드의 운용 보수 0.17%

그나마 운용 보수 감소의 직격탄을 피한 분야는 대체투자^{Alternative}다. 대체투자 상품들의 운용 보수가 상대적으로 높은 이유는 비상장 자산(부동산, 인프라, VC 및 PE 등) 특성상 사람 손이 많이 가기 때문이다. 수요 대비 대체투자 펀드를 운용할 수 있는 인력이 상대적으로 부족하니 그만큼 운용 보수가 높다.

비용, 왜 중요한가?

글로벌 투자자들이 비용에 집중하는 이유는 무엇인가? 투자 수익률은 미래에 결정되는 요소로 현시점에서 투자자들이 결정할 수 있는 요인은 크게 세 가지로 압축된다.

1. 투자 기간
2. 투자처(자산, 섹터 및 국가 등)
3. 지불하는 비용

결국 성공적인 투자란 투자 기간, 자산 그리고 비용의 함수다. 특히 투자 기간과 관련해 장기 투자의 중요성에 대해 우리 모두 인지하고 있다. 버핏이 강조했듯이 복리의 마술^{Power of Compound Interest} 때문이다.

그림 5-3 복리의 마술

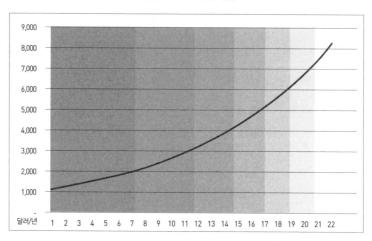

[그림 5-3]은 복리의 마술을 직관적으로 이해하기 위한 예시다. 예를 들어 미국 주식에 1,000달러를 투자하고 매년 10% 수익을 냈다고 하면 처음 자산이 2배가 되는 시점까지 대략 7년 정도 소요된다. 하지만 초기 투자금 대비 3배가 되는 시점은 12년이다. 즉 2,000달러에서 3,000달러가 되는 데는 5년이 소요된다. 그리고 이는 시간이 지날수록 짧아지는데 초기 원금 대비 6배에서 7배가 되는 기간은 2년에 불과하다. 즉 시간이 지날수록 자산이 불어나는 속도가 가속화된다.

시간이 장기 투자의 우군임은 명백하다. 다만 시간은 양면성을 지닌다. 비용 측면에서 본다면 시간은 가장 두려운 적이 된다. 이를 바로 비용의 횡포라고 한다.

그림 5-4 비용의 횡포

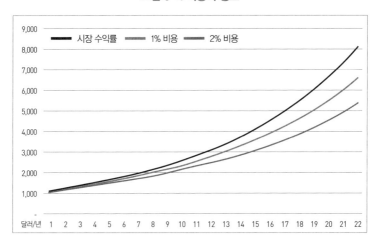

첫해의 1~2% 수익률 차이는 큰 의미가 없다. 10% 수익률과 9% 수익률은 별 차이가 없다. 하지만 최종 수익률은 시간이 누적됨에 따라 어마어마한 차이를 낳게 된다. 수익률만 시간이 흐름에 따라 복리로 커지지 않는다. 비용도 복리로 증가한다.

1~2% 차이는 20년이란 세월 이후 압도적인 결과물 차이로 돌아온다(표 5-1). 보수가 없는 시장 수익률은 20년 동안 10%씩 꾸준히 올라 최종 573%가 된다. 반면 1% 보수는 460%, 2% 보수는 366% 수익률을 낳는다. 가랑비에 옷 젖는 줄 모른다는 표현이 이보다 적합할 수 없다.

표 5-1 수익률 비교 테이블

투자 기간 (년)	시장 수익률	1% 비용	2% 비용	투자 기간 (년)	시장 수익률	1% 비용	2% 비용
1	1,100	1,090	1,080	11	2,853	2,580	2,332
2	1,210	1,188	1,166	12	3,138	2,813	2,518
3	1,331	1,295	1,260	13	3,452	3,066	2,720
4	1,464	1,412	1,360	14	3,797	3,342	2,937
5	1,611	1,539	1,469	15	4,177	3,642	3,172
6	1,772	1,677	1,587	16	4,595	3,970	3,426
7	1,949	1,828	1,714	17	5,054	4,328	3,700
8	2,144	1,993	1,851	18	5,560	4,717	3,996
9	2,358	2,172	1,999	19	6,116	5,142	4,316
10	2,594	2,367	2,159	20	6,727	5,604	4,661
최종 수익률					573%	460%	366%

비용, 패시브 투자에서 왜 낮을 수 있을까?

그렇다면 패시브 전략을 구사하는 펀드에서 비용이 낮은 이유는 무엇
일까?

인덱스 펀드 및 패시브 펀드의 비용이 낮을 수 있는 이유는 액티브
펀드 대비 사람의 자의적 판단이 덜 들어가기 때문이다. 인덱스 펀드
운용 방식은 펀드 벤치마크를 설정하고, 그 벤치마크에 해당하는 종목
들을 그대로 매수하는 구조다. 가령 기준이 S&P 500이라면 해당 지수

에 편입된 종목들을 비중에 맞게 모두 매수한다. 이때 매니저의 자의적인 판단(시장 리서치 및 트레이딩 전략 등)은 들어가지 않는다. 왜냐하면 말 그대로 지수를 100% 추종해야 하는 전략이기 때문이다.

- 테슬라가 S&P 500 지수에 들어오면, S&P 500 지수를 추종하는 인덱스 펀드는 산다.
- 테슬라의 S&P 500 지수 비중이 2%라면, 해당 인덱스 펀드는 2%만큼 산다.
- 테슬라의 실적이 좋지 않아 S&P 500 지수에서 퇴출되면, 해당 인덱스 펀드는 테슬라를 매도한다.

한마디로 운용이 기계적이다. 그렇기에 비용이 많지 않을 수 있다. 운용 전략의 복잡성은 제조업에서 공정 난이도 상승과 유사하다. 공정 과정이 복잡해지면 상품 단가가 올라가듯이 펀드도 마찬가지다. 복잡한 전략은 높은 비용을 부르고, 단순한 전략은 낮은 비용을 가능케 한다.

인덱스 펀드의 본질은 무엇인가?
시장을 이기려 하지 않고 벤치마트 자체를 맹목적으로 추종한다.
과정에서 자의적인 판단이 반영되지 않는다.
상품의 공정이 단순해 운용 보수가 월등히 낮다.

제로섬 게임

CHAPTER

06

장기간에 걸친 확률적 승리

앞 장에서는 인덱스 펀드가 무엇인지 다뤘고, 투자에 있어 저비용이 얼마나 중요한지를 강조했다. 시간이 지나면서 복리의 마술만 발생하는 것이 아니라 복리의 횡포도 발생한다. 즉 시간 관점에서 수익률은 복리의 마술과 복리의 횡포 사이에서 줄다리기를 한다.

하지만 비용은 투자에 있어 보다 중요한 의미를 가진다. 결론부터 말

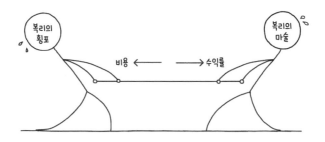

하자면, 투자는 플러스섬^{Positive Sum}이지만 시장과 싸우는 행위는 제로섬^{Zero Sum}이다. 그리고 비용은 이 제로섬 게임을 더욱 불리하게 만든다.

정확히 어떤 의미인지 알아보자.

투자의 의미

왜 투자하는가? 부를 쌓기 위함이다. 그리고 주식이든 채권이든 ETF든 결국 모든 금융 상품은 목적을 달성하기 위한 도구에 불과하다. 그러므로 도구를 잘 다루기 위해서는 그 도구의 목적인 투자에 대해 한번쯤 생각해 볼 필요가 있다.

투자의 기본 정의는 개인이 지닌 노동 범위의 한계를 확장하는 데 있다. 투자하지 않는다면 개인이 돈을 벌 수 있는 최대 범위는 노동으로 한정된다. 나의 노동은 시간과 공간의 제약에서 자유롭지 못하다. 그러므로 노동 소득으로만 큰돈을 벌기는 쉽지 않다.

그런 의미에서 투자란 노동의 한계를 극복하고 자본이 나를 위해 일하게끔 하는 행위다. 사람이 손과 발로 노동하듯 자본이 우리를 대신해 일한다. 그리고 자본이 지닌 확장성은 이론적으로 무한하다. 사람처럼 시간과 공간에 얽매이지 않기 때문이다. 지치지 않으며 지구상 모든 장소에서 일한다.

그러므로 투자는 누가 지고 누가 이기는 게임이 아닌, 전반적인 플러스섬이다. 그 안에서 숫자의 고저가 있을 뿐이다. 단, 시장을 이기려는 순간 게임의 룰이 조금 바뀐다.

시장을 이긴다는 의미

앞 장에서 다뤘던 벤치마크에 대한 이해를 바탕으로 시장을 이긴다는 의미가 정확히 무엇인지 알아보자.

DUDE 지수가 2024년에 10% 상승했다고 가정하자.

DUDE 지수에 속한 기업들의 수가 1,000개라면 10%라는 수익률은 1,000개에 달하는 기업들의 평균 수익률이다. 정확히 말하면 단순평균값Arithmetic Average이 아니라 기업 사이즈인 시가총액을 고려한 수익률Market Capitalization Weighted Return이다.

기업의 사이즈를 고려하는 이유는 시가총액이 큰 기업의 1% 상승과 시가총액이 작은 기업의 1% 상승이 전체 시장에 미치는 여파가 서로 다르기 때문이다. 가령 미국 마이크로소프트의 1% 등락은 나스닥 전체에 영향을 미치지만, 중·소형주의 1% 움직임은 지수에 아주 극미한 영향을 행사한다. 그러므로 기업 크기를 수익률과 함께 감안해 전체 시장의 움직임을 반영하는 방식이 보다 현실적이다.

관건은 표본이 많아질수록 전형적인 표준편차 그래프를 그리게 되는데 이 경우 10% 평균을 중앙에 두고 지수를 구성하는 개별 자산들의 수익률이 좌우로 고루 퍼진다. 가운데 라인인 10%는 전체 시장인 DUDE 지수 수익률을 뜻한다.

그림 6-1 뱅가드 표준편차

출처: 뱅가드

[그림 6-1]을 보면 알 수 있듯이 10%란 수치는 결국 DUDE 지수에 속한 모든 종목의 평균값이다. 이로 인해 시장 평균치를 기준으로 오른쪽에 +50%가 존재하는 만큼 반드시 왼쪽으로 -50%가 존재해야 한다. 평균이란 단어가 지닌 의미를 상기하면 당연한 결과다. 이때 시장을 이기기 위해서 무엇을 해야 하는가? 표준편차 오른편에 속한 종목들의 비중을 늘려야 한다. 혹은 표준편차 왼편에 속한 종목들의 비중을 줄여야 한다.

하지만 주식시장에서 매수하기 위해서는 누군가가 팔아야 한다. 매도하기 위해서는 누군가가 사야 한다. 곧 모두가 표준편차 오른편에 있을 수 없다. 물론 모두 표준편차 왼편에 있을 수도 없다. 결국 벤치마크인 지수 수익률을 상회하기 위해서는 좋은 종목을 더 사야 하며, 이는 곧 누군가의 손실을 의미한다. 혹은 수익률이 저조할 것으로 예상되는 종목 비중을 줄여야 하므로 이 또한 누군가가 손해 보는 것을 의미한다. 지수를 기점으로 놓고 본다면 나의 승리는 누군가의 패배다. 표준편차 관점에서 언더퍼폼과 아웃퍼폼은 동전의 양면처럼 붙어있다. 왜냐하면 언더퍼폼과 아웃퍼폼이 합산된 결과물이 바로 지수 수익률이기 때문이다. 즉 어떤 전략을 구사하든 기대할 수 있는 합리적인 결과는 평균값인 시장 전체 수익률이다. 그러므로 이 시장을 이기려는 게임은 제로섬으로 갈 수밖에 없다.

결국 다시 비용이 등장한다

이 또한 어디까지나 비용을 고려하지 않은 결과다. 인덱스 펀드의 시작과 끝은 결국 비용이다. 비용이 등장하면 얘기는 다시 한번 달라진다.

비용을 고려하면 [그림 6-2]와 같은 결과가 나온다. 즉 비용만큼 그래프가 좌측으로 밀린다. 비용을 고려하지 않을 때는 정확히 50% 확률로 벤치마크를 아웃퍼폼하지만, 비용을 고려하게 되면 비용만큼 아웃퍼폼 가능성이 작아진다. 이는 곧 비용이 크면 클수록 투자 성과가 시장 평균을 하회할 가능성이 확률적으로 높아짐을 뜻한다.

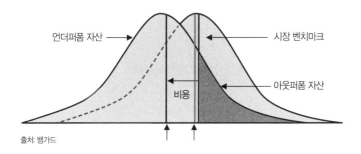

그림 6-2 뱅가드 표준편차 + 비용

언더퍼폼 자산

시장 벤치마크

아웃퍼폼 자산

비용

출처: 뱅가드

내용을 정리하면 다음과 같다.

1. 우선 액티브 전략은 시장을 이길 수도 있고, 질 수도 있다. 왜냐하면 시장을 이기려는 시도 자체가 제로섬 게임이기 때문이다.

2. 반대로 패시브 전략은 시장 자체를 벤치마크로 삼고, 있는 그대로 추종한다. 액티브와 같이 자의적인 결정이 동반되지 않는다.

3. 액티브 전략은 구조적으로 비용이 높다. 반면 패시브 전략은 싸다. 펀드 사업을 제조업이라고 생각해 보자. 액티브 전략 펀드는 공정 과정이 복잡해 비용이 높다. 반면 패시브 전략 펀드는 자의적인 판단이 없다. 공정이 단순하다. 그래서 비용이 압도적으로 낮을 수 있다.

4. 비용을 고려하지 않으면 평균 수익률의 축은 정확히 표준편차의 중앙에 위치한다. 하지만 비용 고려 시 표준편차 그래프가 좌측으로 밀린다. 즉 확률적으로 지수 및 벤치마크를 하회할 확률이 높아진다.

5. 패시브 전략은 결국 최소한의 비용으로 시장 평균 수익률을 수취함을 목표로 한다. 이것이 바로 인덱스 펀드의 상품 가치다.

패시브 전략을 구사하는 인덱스 투자는 결코 확정적으로 높은 수익률을 보장하지 않는다. 다만 '확률적으로' 그리고 '장기간'에 걸쳐 액티브 투자보다 높은 수익률이 나올 수 있음을 주장한다. 이 점을 명확히 이해해야 한다.

'확률적'이란?
1. 어떤 전략을 구사하더라도 합리적으로 기대할 수 있는 값은 시장의 전체 평균인 지수 수익률이다.
2. 비용은 전략의 기댓값을 지수 수익률로부터 멀어지게 한다. 이로 인해 확률적으로 인덱스 투자 수익률은 평균에 더 가깝게 수렴한다. 반면 액티브 투자 수익률은 평균으로부터 더 떨어진다.

'장기간'이란?
시간이 중첩될수록 확률은 강화된다. 비용이 0.2%인 경우 매년 99.8% 확률로 평균에 수렴하며 20년이 지나도 96%다. 하지만 비용이 1%라면 매년 99% 확률로 평균에 수렴하며 20년이 지날 경우 확률은 82%에 불과하다.

그림 6-3 비용에 따른 지수 수익률과의 격차

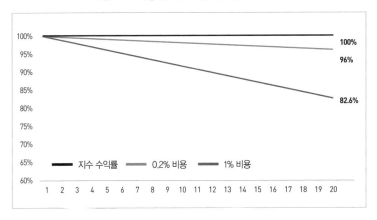

그렇다면 최초로 이 인덱스 펀드를 고안한 '혹자'는 누구였을까?

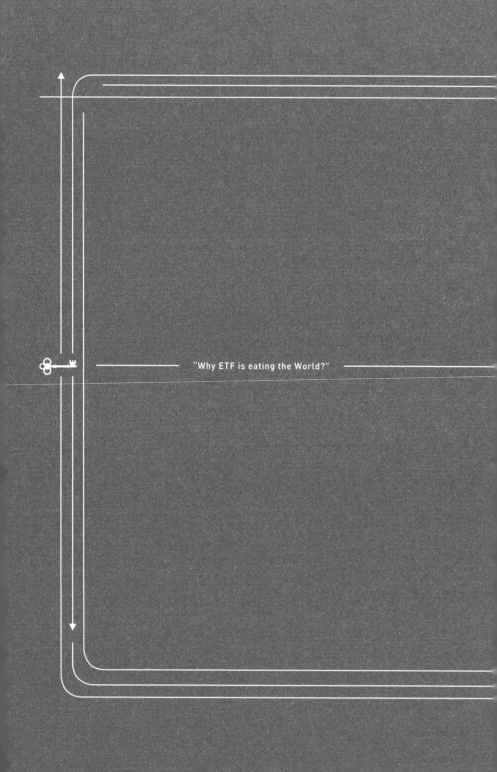

"Why ETF is eating the World?"

PART
2

ETF를 만든 선구자들은
이렇게 생각했다

PART 2는 'Part 1. 왜 ETF 투자인가'의 연장선이다.

사물의 본질을 가장 잘 이해하는 방법은 그것이 처음 만들어진 배경과 의도를 살펴보는 것이다. ETF도 예외는 아니다. ETF라는 상품을 세상에 등장시킨 선구자들의 철학을 이해하면 ETF의 본질과 지향점이 무엇인지 직관적으로 알 수 있다. 이를 위해 선구자 세 명의 이야기를 다룰 예정이다.

잭 보글*은 ETF의 모태가 되는 인덱스 펀드의 창시자이며, 자산운용사 뱅가드의 창업자다. 그의 철학은 개별 종목 선택과 시장 타이밍을 배제하고 장기적으로 시장 전체를 소유하는 전략이다. Chapter 1에서 언급한 4% 룰을 피하고 비용을 최소화하기 위함이다. 그는 특히 잦은 거래와 트레이딩을 기피했다. 그러므로 이 대원칙은 ETF 투자에도 그대로 적용된다. ETF는 여전히 성장하는 산업이지만 선구자인 보글의 그늘에서 벗어날 수 없다.

네이트 모스트는 이러한 보글의 철학을 기반으로 ETF를 창시했다. 지금까지 ETF는 상장된 인덱스 펀드라고 단순하게 표현했지만 실상은 보다 복잡하다. ETF는 인덱스 펀드의 아류가 아닌 전혀 새로운 상품이다. 모스트는 장중 거래 및 확장성과 같은 추가적인 가치를 부여해 펀드가 지닌 본질적인 한계를 극복했다. 인덱스 펀드는 ETF라는 상품으로 승화해 개인과 기관투자자들 모두가 찾는 최고의 금융 상품이 됐다.

래리 핑크는 보글과 모스트가 닦은 ETF 길을 확장한 인물이다. 채권 운용으로 시작했지만 핑크는 누구보다 ETF의 가치를 제대로 알아봤다. 보글은 인덱스 펀드를 만들었지만 ETF에는 회의적이었다. 모스트는 보글과 핑크처럼 본인만의 회사가 없었기에 모든 영광을 누리지 못했다. 하지만 핑크는 후발주자로 ETF의 무한한 잠재성을 간파했고, 블랙록이라는 세계 최고의 자산운용사를 설립했다.

선구자들의 철학을 이해함으로써 우리는 시장의 단기 변동과 노이즈에 혹하지 않는 장기적인 안목을 키울 수 있다. 이 점이 바로 이들의 생각을 이해하는 목적이다.

ETF의 선구자들

잭 보글: 인덱스 펀드의 창시자이자 자산운용사 뱅가드의 창업자

네이트 모스트: 인덱스 펀드를 모태로 ETF를 만든 사람

래리 핑크: ETF의 길을 확장한 인물, 블랙록 창업자

---

*본명은 존 보글(John C. Bogle)이다. 해외에서는 필명인 잭 보글로 더 유명하다. 이 책에서는 잭 보글로 표기했다.

인덱스 펀드의 창시자 잭 보글

두 명의 주인을 섬길 수 없다

선구자

모든 분야에는 선구자가 있다. 전기를 생각하면 에디슨이 떠오르고, 자동차를 보면 헨리 포드가 상기되듯이 인덱스 펀드도 마찬가지다. 인덱스 펀드를 통해 패시브 투자를 세상에 알린 선구자의 이름은 바로 잭 보글Jack Bogle이다. 블랙록과 함께 글로벌 자산운용 산업을 이끄는 뱅가드의 창업자다.

잭 보글은 1951년 프린스턴 대학 경제학과를 수석으로 졸업했다. 학부 시절 우연찮게 〈포춘〉지에 실린 뮤추얼 펀드 산업에 대한 글을 보고, 보글은 졸업 논문으로 〈뮤추얼 펀드의 경제적 역할(The Economic Role of the Investment Company)〉을 작성했다. 당시 펀드 산업 규모는

잭 보글   출처: 뱅가드

30억 달러로 태동기에 불과했다.

이 논문은 당시 펀드 업계 큰손이었던 웰링턴 펀드 창업자 월터 모건의 눈에 띄었고, 보글은 졸업 후 웰링턴 펀드에 입사해 커리어를 시작했다. 보글에 대한 모건의 신뢰는 처음부터 두터웠는데 입사 전부터 모건은 보글에 대해 다음과 같이 평했다.

"그는 우리보다 펀드 산업에 대해 더 잘 알고 있다.
He knows more about the fund business than we do."

1929년에 설립된 웰링턴 펀드는 미국에서 가장 오래된 펀드 중 하나로 전체 자산의 3분의 2를 주식에, 그리고 나머지 3분의 1을 채권에 넣는 분산투자 운용 방식을 고수했다.

보글은 웰링턴 펀드에 입사한 이후 승진 가도를 달리는데 펀드 운용만큼이나 상품 전략에도 탁월했다. 1958년 회사의 상품 라인업을 다각화해 100% 주식에만 투자하는 윈저 펀드를 출시하기도 했다. 그리고 입사한 지 14년 만에 35세의 나이로 보글은 웰링턴 펀드의 부사장이 됐는데, 보글 본인의 회고에 따르면 이때 인생 최악의 투자를 하게 된다.

부사장이 된 후 보글은 1966년에 보스턴에 위치한 손다이크, 도란, 페인&루이스Thorndike, Doran, Paine & Lewis 투자 회사를 인수한다. 해당 기업은 3,000만 달러가량의 소규모 자산을 운용하는 자산운용사로 당시의 시대상이었던 Go-Go 시대에 어울리는 운용 전략을 구사했다.

Go-Go 시대란 컴퓨터 기술 발전에 힘입은 신경제에 대한 낙관적인 믿음이 가득했던 1960년부터 1970년 사이를 상징한다. 실제로 1969년 NASA의 아폴로 11호 미션이 성공했고, 테크 주식들을 중심으로 주가가 크게 올랐다. 이는 최초의 테크 버블로 볼 수 있으며, 버블의 대표 격인 닷컴보다 30년을 앞선 사례다.

낙관적인 미래상과 기술주 중심의 증시 과열에 편승해 당시 펀드들이 우후죽순 생겨났고, 이 펀드들은 시대상에 걸맞게 Go-Go 펀드라고 불렸다. 2017년의 세계적인 비트코인 상승장을 생각해 보면 Go-Go 펀드가 지닌 상징성을 직관적으로 이해할 수 있다. 거의 50년을 앞선 '가즈아'와 같은 표현이다. Go-Go 시대의 열망은 1970년 5월의 증시 폭락과 함께 사라졌고, 당시 대부분의 테크 회사 주가는 증발했다. Go-Go 펀드들의 말로가 어땠는지 알 수 있는 대목이다.

보글이 투자 회사를 인수한 목적은 보수적으로 운용됐던 웰링턴 펀드의 기업 문화에 손다이크, 도란, 페인&루이스의 공격적인 스타일을 더해 Go-Go 시대에 대응하기 위함이었다. 초기에 보글의 전략은 유효했고, 월터 모건의 뒤를 이어 웰링턴 펀드의 CEO가 됐다. 하지만 1970년의 주가 폭락과 1973년의 석유 파동으로 시작된 1973~1974년의 베어 마켓으로 보글은 CEO 자리를 오래 유지하지 못했다.

회사의 간판이었던 웰링턴 펀드는 1965년 20억 달러 규모였는데 1970년 폭락 이후 지속적으로 감소해 4억 8,000만 달러로 80%가량 쪼그라들었다. 당연하게도 웰링턴 펀드를 운용하는 웰링턴 회사의 주가 또한 급락했고, 1968년 주당 50달러였던 주가는 1975년이 되자 4.25달러를 기록했다. 그리고 잘못된 인수합병의 대가로 보글은 1974년 웰링턴 이사회로부터 해임 통보를 받았다.

모든 것이나 다름없었던 웰링턴에서의 해임은 보글의 인생에 크나큰 전환점이 됐다. 보글은 빈손으로 나갈 수 없다고 생각했는지 웰링턴에 새로운 구조의 자산운용사 설립을 제안했다. 웰링턴은 보글의 제안을 승인했고, 보글은 1975년 5월 1일 18억 달러 규모에 50명 남짓한 직원들로 새롭게 시작했다. 오늘날 원화 기준 1경 이상을 운용하는 뱅가드의 출범이다.

선구자의 유산: 인덱스 펀드

보글은 잘못된 인수와 해임을 통해 무엇을 배웠을까? 인생의 굴곡에서 보글은 시장을 이기려 하는 액티브 투자보다 낮은 비용으로 전체 시장을 추종하는 패시브 투자가 장기적으로 유리함을 다시 한번 깨달았다.

그리고 뱅가드의 설립과 함께 보글은 자신의 이상을 현실화했다. 1974년 MIT 대학의 교수 폴 새뮤얼슨이 〈포트폴리오 매니지먼트 저널Journal of Portfolio Management〉에 발표한 〈판단에 대한 도전Challenge to Judgment〉이라는 논문에서 영감을 받아 보글은 1976년 업계 최초로 인덱스 펀드를 만들어 냈다.

뱅가드 500 인덱스 펀드라고 불리는 이 펀드는 최초의 인덱스 펀드이며, 미국 전체 주식시장을 추종한다. 동시에 뱅가드의 상징이자 전설이다. 뱅가드 500 인덱스 펀드는 다른 인덱스 펀드, ETF들과 함께 현재 뱅가드 운용 자산의 대부분을 차지하고 있다.

단 시작부터 창대했던 것은 아니다. 초기 설정 금액이 1,100만 달러에 불과할 만큼 너무나 볼품 없었다. 펀드 규모만 초라하지 않았다. 업계에서 인덱스 펀드를 바라봤던 시각 또한 차갑기 그지없었다.

"미국답지 못하고 평범함으로 향하는 가장 확실한 길.

Un-American and Sure Path to Mediocrity."

여기서 미국답지 못하다는 말은 스스로의 노력과 의지로 삶을 개척해 최고의 결과를 만들어 낸다는 기업가 정신에 어긋남을 의미한다. 이는 일견 그럴싸한 비판인데, 낮은 비용으로 전체 시장 평균 수익률을 지향하는 인덱스 펀드는 당시 미국 사회에서 최소한의 노력과 의지Un-American로 지극히 평범한 결과Sure Path to Mediocrity만을 내겠다는 표현으로 들렸을 수 있다. 열심히 살아 삶을 개척해야 하는 미국의 기업가 정신과는 맞지 않았던 것이다. 즉 이는 '게으른 투자'였다.

그러나 역사는 보글이 옳았음을 증명했다. 뱅가드는 1경 원이 넘는 자금을 굴리는 굴지의 자산운용사로 도약했다. 글로벌 금융시장의 대표적인 지수인 S&P 500에 연동된 자금 규모는 무려 13조 5,000달러 달러이며, 이 중에서 5조 4,000달러가 패시브 자금이다. 압도적인 규모의 자본이 지수를 따르고 있다.

보글은 분주하며 빈번한 포트폴리오 조정을 최대한 억제하고 한자리에 뿌리내린 나무처럼 최소한의 움직임만을 유지하는 것이 성공적인 투자의 열쇠라고 봤다. 이유는 단순하다. 많이 움직일수록, 즉 거래를 많이 할수록 거래비용이 많이 발생하기 때문이다. 그리고 그 거래비용은 브로커를 배부르게 할 뿐, 펀드 실적에는 해가 된다.

인덱스 펀드는 전체 시장의 평균 수익률을 추종한다. 이것만 보면 '평범함으로 가는 확실한 길Sure Path to Mediocrity'과 같은 당대 비난은 옳아 보인다. 하지만 인덱스 펀드는 전체 시장을 추종하기에 포트폴리오 조정이 상대적으로 작다. 한마디로 매수Buy하고 기다릴Hold 뿐이다. 그러므로 펀드 내에서 추가적인 비용이 발생하지 않아 저비용으로 펀드 운용이 가능하다. 그리고 비용이 낮을수록 펀드 수익률은 시장 전체 수익률에 수렴한다.

혼한 표현으로 모든 면에서 평범한 사람은 찾기 힘들다는 말이 있다. 왜냐하면 모든 면에서 평범한 사람은 평범하지 않기 때문이다. 적당한 키, 적당한 외모, 적당한 벌이, 모나지 않은 성격, 이 모든 것을 가지고 있는 사람은 실제로는 비범한 사람이다.

투자 수익률 또한 마찬가지다. 평범함Mediocrity이 장기간 지속되면 종국에는 비범함Outstanding이 된다.

> 보글의 인덱스 펀드는 무엇을 추구하는가?
> 바로 비용의 횡포를 피하고, 동시에 복리의 마술을 극대화한다.

뱅가드와 탈중앙화

뱅가드는 다른 금융사들과 비교했을 때 굉장히 독특한 지배구조를 가지고 있다. 흔히 ESG는 환경Environment, 사회Society 그리고 지배구조Governance의 약자로 지속 가능한 기업 경영을 위한 핵심적인 요소들을 뜻한다. 뱅가드는 금융회사이기에 환경 부분을 평가하기는 조금 애매하지만, 지배구조 측면에서 그 어떤 기업 대비 압도적으로 선진화되어 있다. 이는 미국 내 최초의 인덱스 펀드를 만든 업적 수준으로 평가받는다. 어쩌면 그 이상일 수도 있다.

뱅가드의 지배구조를 한 단어로 표현하면 바로 탈중앙화다. 전통 자산운용사의 지배구조를 다루는데, 왜 블록체인의 핵심인 탈중앙성이 나오는지 의문이 들 수 있다. 블록체인 프로젝트들은 기본적으로 불특정 다수의 적극적인 생태계 참여를 통해 시스템의 미들맨을 제거하고, 그 이윤을 모두 누릴 수 있다는 탈중앙화 이념을 근간으로 한다. 대표적인 예가 비트코인이다. 은행을 제거하고, 은행이 가져가는 모든 수익과 마진을 비트코인 생태계 참여자들이 나눠 가진다는 이념이다. 이론적으로 훌륭하지만 아직까지 현실에서 탈중앙화가 제대로 이뤄진 경우를 보지 못했다.

하지만 비트코인과 탈중앙화 개념이 나오기 한참 전부터 이를 이미 실천한 회사가 있다. 바로 뱅가드다. 일반적으로 회사는 대표나 오너의 개인 회사로 시작해 상장 이후 회사 주식을 보유한 주주들의 소유가 된다. 보글은 해당 구조의 아이러니를 직시했다. 운용사가 섬겨야하는 궁극적인 대상은 다름 아니라 운용사를 믿고 상품에 가입하는 투자자들이다. 반면 전통적인 지배구조에서는 운용사의 주인은 고객이아닌 외부 주주가 된다. 보글의 표현에 따르면 한 사람이 두 명의 주인을 섬기니 이는 양립할 수 없는 구조다.

양립할 수 없는 이유는 펀드에 가입한 수익자와 펀드 회사 주주의 이해관계가 미묘하게 다르기 때문이다. 펀드에 가입한 수익자의 이해관계는 1) 지속적인 수익과 2) 이를 위한 낮은 보수다. 반면 주주의 이해관계는 1) 지속적인 배당 및 주가 상승과 2) 이를 실현하기 위한 높은 보수다. 즉 한쪽은 보수가 낮아질수록 좋고, 반대편은 높아질수록 좋으니 서로 간의 이해관계가 상충한다. 그래서 보글은 회사에 두 명의 주인이 있을 수 없음을 지적했으며, 원칙으로 돌아가 운용사의 진정한 주인은 결국 펀드에 가입한 수익자임을 강조했다. 고객의 이윤을 위해 최선을 다한다. 바로 운용사 제1의 철칙인 신의성실 의무다.

이를 타개하기 위해 보글은 뱅가드를 상장하지 않았다. 지금도 뱅가드는 비상장 회사로 남아 있다. 상장 기업인 블랙록 그리고 스테이트 스트리트와는 다르다. 더 나아가 뱅가드의 소유주는 잭 보글 본인이 아니다. 사모펀드나 벤처캐피탈도 아니다. 뱅가드의 소유주는 뱅가드 펀드에 가입한 수많은 투자자, 이하 고객들이다.

뱅가드 펀드에 가입한 모든 투자자가 간접적으로 뱅가드를 소유하는 이 구조를 바로 상호 소유구조Mutual Ownership Structure라고 한다.

[그림 7-1]에서 ②는 전통적인 자산운용사의 구조를 상징한다. 고객들이 펀드에 가입한다. 운용사는 운용 보수로 돈을 벌고, 과실은 운용사의 주식을 보유한 외부 투자자들에게 귀속된다. 반면 ①은 뱅가드를 상징하는데, 고객이 뱅가드 펀드들을 통해 뱅가드를 소유하는 구조다.

뱅가드의 지배구조가 지닌 가장 큰 이점은 외부 주주를 위한 별도 배당이 없다는 것이다. 외부 배당이 없기에 뱅가드 입장에서는 최소한의 운용 보수만을 유지한 채 회사를 운영할 수 있다. 만약 외부 주주

그림 7-1 뱅가드 지배구조

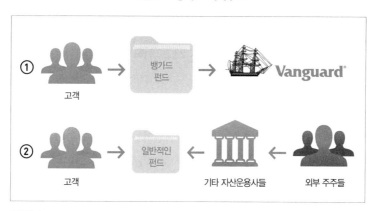

① 고객 → 뱅가드 펀드 → Vanguard®

② 고객 → 일반적인 펀드 ← 기타 자산운용사들 ← 외부 주주들

출처: 뱅가드

가 있으면 지속적인 보수 인하는 불가능하다. 왜냐하면 회사가 외부 주주들에게 배당해야 하므로 적극적으로 이윤을 내야 하기 때문이다.

이를 위해서 보수를 높게 유지하기 때문에 수익자들의 이해관계와 상충한다. 결국 뱅가드 펀드들이 낮은 운용 보수를 유지할 수 있는 이유는 바로 독특한 지배구조에 있다. 뱅가드가 상장한 회사라면 이런 형태의 회사 운영은 불가능할 수밖에 없다.

뱅가드의 지배구조는 더 나아가 지속 가능하게 보수를 할인할 수 있다. ETF 시장의 경쟁이 치열해지면서 운용사들은 상품 개발과 더불어 공격적인 보수 할인에 나서고 있다. 심지어 0.01% 운용 보수를 지닌 ETF도 등장하고 있다. 하지만 상장한 일반적인 기업 지배구조에서 운용 보수는 내려갈 수 있는 하단이 있다. 그러면 뱅가드는 어떤가? 회사 AUM이 커질수록 비례해 보수를 더 인하할 수 있다. 현재 뱅가드가 운용하는 S&P 500 ETF인 VOO^{Vanguard S&P 500 ETF}의 운용 보수는 0.03% 지만 VOO 사이즈가 더 커지면 0.02%로 인하할 수 있다. 다른 펀드와 ETF 또한 마찬가지다.

보글이 디자인한 인덱스 펀드는 1) 분산투자와 2) 낮은 보수, 두 가지를 강조한다. 분산투자는 펀드에서 실천하는 운용 전략이며, 낮은 보수는 회사의 지배구조를 통해 달성한 투자자들을 위한 과실이다. 그런 의미에서 인덱스 펀드만큼이나 뱅가드의 지배구조는 혁신적이다.

블록체인이 등장하기 한참 전, 탈중앙화라는 개념조차 없었던 시절에 뱅가드는 이미 그렇게 설립됐다.

> "한 사람이 두 명의 주인을 섬길 수 없다."
>
> _잭 보글

CHAPTER 08 최초의 ETF와 네이트 모스트

일개 상품으로 시작해 산업이 되다

창시자

잭 보글은 프린스턴 대학을 졸업한 이후 다른 업계에 한눈 팔지 않고 자산운용 비즈니스 한 길만을 고수했다. 처음부터 끝까지 보글은 진정한 금융인이었다.

여기 조금 다른 선구자가 있다. 보글이 창조한 인덱스 펀드를 기반으로 아메리카증권거래소AMEX: American Stock Exchange에 상장시켜 마치 주식처럼 거래할 수 있게 만든 장본인이다. 그의 이름은 네이트 모스트 Nathan Nate Most로 ETF의 창시자다.

뱅가드라는 유산을 남긴 보글과 달리 모스트는 업적에 비해 크게 알려져 있지 않다. 이번 장에서는 최초로 ETF를 만들고 상품화한 그

네이트 모스트　　　**출차:** Institutional Investor

의 업적에 대해 살펴보고자 한다.

모스트가 쌓은 경력은 매우 이색적이다. ETF를 만든 위대한 업적을 이뤘으나 보글 같은 전통 금융 백그라운드가 없었다. 놀랍게도 그의 첫 커리어는 바로 음향 엔지니어였다.

모스트는 UCLA에서 물리학을 전공한 후 제2차 세계대전 당시 미해군 잠수함에서 음향 관련 엔지니어이자 물리학자로 활동했다. 이후 아시아 지역을 돌며 음향 장비 사업을 했고, 1960년대 샌프란시스코에 위치한 퍼시픽 베지터블 오일Pacific Vegetable Oil에서 홍화씨 트레이더로 일하며 원자재를 처음 접했다.

이때부터 모스트는 원자재 분야에서 커리어를 쌓기 시작했다. 코코넛 오일 선물을 전문적으로 다루는 퍼시픽 상품거래소Pacific Commodities Exchange에서 일했고, 1974년 처음 신설됐던 미국 상품거래위원회Commodity Futures Trading Commission 의장의 기술 자문으로 활동했다. 본인의 커리어가

썩 흡족했는지 모스트는 스스로를 원자재맨이라고 칭했다. 그리고 해당 경력은 모스트가 향후 ETF를 발명하는 데 엄청난 기여를 했다.

원자재 분야 커리어를 쌓으며 모스트는 무엇을 배웠을까? 바로 소유권 기반의 거래다. 예를 들어 코코넛 오일은 주로 창고에 보관된다. 그리고 거래가 발생하면 실제로 코코넛 오일을 창고에서 꺼내 오는 대신 창고에 보관된 코코넛 오일의 소유권receipt을 주고 받는다. 코코넛 오일을 사는 거래이면 돈을 주고 소유권을 받는다. 파는 거래일 경우 소유권을 넘겨주고 돈을 받는다. 물론 소유권을 지급하고 창고에서 원자재를 꺼내 갈 수도 있지만, 대부분의 경우 소유권이 원자재의 실물 움직임을 대신한다.

이는 마치 과거 유럽의 금은방 비즈니스 모델과 유사하다. 매번 비싼 금을 들고 다니기는 귀찮고 위험하니 이를 금은방에 맡기고 보관증을 받는다. 그리고 실제 경제 활동에서는 금 대신 보관증이 화폐의 역할을 했다. 이것이 오늘날 화폐의 기원이다.

실물의 움직임 없이 소유권만을 사고파는 거래 방식은 모스트가 1976년 아메리카증권거래소 AMEX(아멕스)로 이직한 후 ETF를 탄생시키는 과정에서 큰 영감이 됐다.

> 원자재 비즈니스 = 창고 + 실물 + 소유권

AMEX의 상품 개발 총괄

아메리카증권거래소 이하 AMEX는 뉴욕증권거래소와 함께 미국을 대표하는 증권거래소다. 뉴욕증권거래소가 전 세계에서 가장 큰 증권시장이라는 상징성이 있다면, AMEX는 옵션과 같은 파생상품 거래의 중심지다. 1976년 62세의 나이에 모스트는 AMEX의 파생상품 개발 총괄이 됐다. 원자재맨에서 금융인으로의 첫 커리어 전환이었다.

외국 거래소들은 한국 거래소와 달리 대체로 민간사업이다. 정부 지원을 기대할 수 없기에 적자가 지속되면 망한다. 거래소는 트레이딩에서 발생하는 수수료로 이윤을 낸다. 사업이 흥하기 위해서는 거래량이 많아야 하고, 거래량이 많기 위해서는 상장된 주식이나 거래되는 상품의 종류가 다양해야 한다. 만약 상장기업의 수와 거래 가능한 상품이 줄어들면 거래량도 감소해 거래소가 지닌 매력이 떨어진다. 이런 거래소들은 자연스레 셧다운되거나 더 큰 거래소에 인수된다.

당시 AMEX의 거래량은 파생상품보다는 주식에서 주로 발생했으며, 하루 거래되는 거래량은 미미했다. 거래량을 위해 더 많은 상품이 필요했는데, 이를 타개하고자 모스트는 펀드를 선택했다. 당시 펀드 산업은 지속적으로 성장세를 보이며 전체 금융시장에서 차지하는 비중이 늘어갔다. 반면 펀드 구조는 1920년 최초 탄생 이후 변한 게 없었다. 무언가 새로운 상품 구조가 나올 법했다.

보글이 지수를 보며 '최소한의 비용으로 시장 지수를 단순 추종하면 어떨까?'라는 생각을 했듯, 모스트 또한 비슷한 레벨의 천재적인 발상을 했다. '펀드를 마치 주식처럼 자유자재로 거래할 수 있게 거래소에 상장하면 어떨까?' 당시 펀드는 성장 산업이었기에 개수와 사이즈가 점차 늘어나는 추세였다. 그러니 이 펀드들을 상장시켜 주식처럼 거래할 수 있다면 거래량 증가로 귀결돼 궁극적으로 AMEX 이윤 증대로 이어진다.

지금 보면 그리 참신한 생각이 아닐 수도 있다. 하지만 당시에는 획기적이었다. 모스트가 등장하기 전 그 누구도 펀드를 상장시킬 생각을 하지 못했다.

모스트가 이런 발상을 할 수 있었던 이면에는 원자재맨으로 활동했던 경력이 크게 작용했다. 모스트에게 펀드 비즈니스는 원자재 사업과 다를 바 없었다. 펀드는 원자재를 보관하는 창고를 상징하며, 주식과 같은 펀드 내 자산은 창고 안에 위치한 원자재 실물을 뜻한다.

표 8-1 원자재 거래 vs ETF 거래

모스트의 발상	원자재 거래	ETF 거래
기초 자산	원자재	개별 종목(주식, 채권 등)
기초 자산의 위치	창고	펀드
거래 대상	창고에 위치한 원자재 소유권	펀드에 대한 지분
거래 방식	소유권(Receipt) 거래	지분(Share) 거래
기초 자산의 움직임 여부	×	×

그리고 ETF에 대한 구상이 어느 정도 완료된 시점에 모스트는 최초의 ETF가 되어 줄 펀드로 뱅가드의 S&P 500 인덱스 펀드를 선택했다. 즉 모스트는 뱅가드가 첫 번째 창고가 되어 주길 원했다.

1992년 모스트는 보글을 만나기 위해 뱅가드가 위치한 펜실베이니아주의 밸리 포지를 방문했다.

SPDR S&P 500 ETF: 최초의 ETF

모스트는 보글을 만나 ETF 청사진을 제시했다. 뱅가드의 S&P 500 인덱스 펀드가 창고가 되고, 이 창고에 대한 소유권을 발행하고 상장해 거래소에서 자유롭게 거래할 수 있도록 하는 구조다. 즉 S&P 500 지수를 추종하는 인덱스 펀드의 특성을 온전히 보존함과 동시에 주식과 같은 장중 거래 이점을 더하는 게 모스트가 제안한 ETF의 핵심이다.

보글은 모스트가 던진 제안이 천재적인 발상임을 인정했다. 단 제안은 거절했다. 첫 번째로 ETF의 궁극적인 목적이 AMEX의 이윤 증대였기 때문이다. 모든 금융 거래에는 비용이 동반되며, 이는 투자자들의 손실이자 동시에 브로커들의 이익이다. 저비용 및 전체 시장 추종이란 특성을 지닌 인덱스 펀드를 만들어 일반 리테일 투자자들의 수익을 극대화하는 것이 일생의 목표였던 보글에게 이는 받아들일 수 있는 제안이 아니었다.

더 나아가 보글은 투자와 트레이딩을 별개로 생각했다. 트레이딩은 잘 사고, 잘 파는 것을 목표로 한다. 인덱스 펀드를 통해 기업이 창출하는 이윤을 장기간 향유하는 투자 이념을 지닌 보글에게 트레이딩은 아마도 거부감을 일으켰을 수 있다.

이를 단편적으로 보여주는 예시가 앞에서 언급했던 제로섬 개념이다. 누군가가 시장 평균 대비 높은 수익률을 달성할 경우, 반대편의 누군가는 필연적으로 벤치마크를 하회하는 수익률을 내고 있다. 이 공식은 ETF에도 동일하게 적용된다. ETF 자체가 상장지수펀드이기에 특정 지수를 그대로 추종하지만, 장중 트레이딩 과정에서 희비가 교차할 수 있다. 누군가는 ETF가 추종하는 지수보다 높은 수익률을, 다른 누군가는 보다 낮은 수익률을 낼 수 있다. 단 이는 어디까지나 거래 비용을 감안하지 않은 것으로, 빈번한 거래량을 고려하면 지수 수익률의 일정 부분을 깎아 먹는다(그림 6-2 참고). 트레이딩의 영역으로 갈 경우 ETF 또한 제로섬 게임에서 벗어날 수 없다.

모스트는 보글의 거절에도 굴하지 않고 뉴욕으로 돌아와 스테이트 스트리트State Street Global Advisors라는 자산운용사를 만났다. 그리고 1993년 1월 22일 마침내 S&P 500 지수를 기초로 미국 최초의 ETF를 상장시켰다. ETF의 이름은 SPY로 SPDR S&P 500 ETF의 약칭이다. 거미를 뜻하는 'SPIDER'와 발음이 유사해 '스파이더'라는 애칭으로도 불리며, 현존하는 ETF 중 가장 크다. 2024년 5월 말 기준 SPY의 AUM은 5,300억 달러를 기록했다.

SPY가 상장되었던 해 모스트의 나이는 향년 79세였다. 그리고 그는 한 번도 이 엄청난 발명에 대한 특허를 주장하지 않았다.

그림 8-1 SPDR S&P 500 ETF가 첫 상장한 날

출처: WSJ

모스트는 ETF가 지닌 무궁무진한 확장 가능성을 보았다. 모스트는 ETF라는 창고는 전통 자산인 주식뿐만 아니라, 금과 같은 원자재 또한 담을 수 있다고 예견했다. 실제로 스테이트 스트리트는 모스트의 임종 직전인 2004년 11월 최초로 금 ETF를 출시했다. 주식에서 시작된 ETF는 원자재와 채권으로 확장됐고, 2024년 1월 10일 비트코인 현물 ETF가 등장했다. 이로써 ETF는 기존 금융의 바운더리를 넘어 디지털 자산의 영역까지 진출했다.

SPY가 만들어진 이후, 모스트는 AMEX를 떠나 글로벌 금융 기업 바클레이즈^{Barclays}의 이사진으로 활동하며 iShares라 불리는 ETF 사업 부문 확장에 기여했다. 그러나 모스트 사후 바클레이즈는 금융위기로 인한 재정 악화로 iShares 사업부를 분리해 블랙록에 매각했다. 이를 계기로 당시 채권 전문 운용사였던 블랙록은 뱅가드를 제치고 전 세계에서 가장 큰 운용사로 성장하게 됐다.

모스트와 함께 AMEX에서 ETF의 상장을 진두지휘했던 스티븐 블룸은 ETF의 성장에 대해 다음과 같이 평했다.

"일개 상품으로 시작한 ETF는 이내 그 자체로 산업이 되었다.

It started out as a product, and it became an industry."

블랙록과 래리 핑크

ETF 제국의 등장

Mr. 10 Trillion

2021년 자본주의 본산인 미국에서조차 경이로운 액수를 굴리는 기업이 등장했다. 2021년 4분기 말 기준 발표된 운용 자금 규모는 10조 달러, 원화 기준 1경 원을 상회했다. 회사의 이름은 블랙록이며, 창업자 래리 핑크는 물려받은 유산 없이 맨손으로 시작해 월스트리트의 제왕이 됐다. 참고로 2021년 당시 미국 GDP는 23조 달러였다.

10년 전쯤 글로벌 금융시장에서 가장 큰 영향력을 행사하는 회사가 어디인지 묻는다면 아마도 JP 모건이나 골드만삭스 같은 이름이 언급될 가능성이 컸을 것이다. 이들은 100년이 넘는 역사를 간직한 투자 은행들로 지금도 막강한 브랜드 파워를 보유하고 있다. 하지만 지

블랙록 로고

금 동일한 질문을 한다면 아마 블랙록이란 이름을 접할 가능성이 크다. 블랙록은 1998년 설립돼 아주 빠른 시간에 월스트리트의 정점으로 등극했으며, 창업자 핑크는 Mr. 10 Trillion(10조)이란 별명으로 불린다.

보글은 ETF의 토대가 되는 인덱스 펀드를 만들었지만, ETF에는 회의적이었다. 이로 인해 뱅가드는 보글이 은퇴한 이후 2001년이 돼서야 ETF를 출시했다. 모스트는 실제로 ETF를 창시했으나 본인만의 기업이 없었다. 그리고 특허를 주장하지 않았기에 창시자로서 큰 영광을 누리지 못했다.

반면 핑크는 인덱스 펀드를 고안하지도 않았고, ETF를 만들지도 않았다. 핑크는 패시브 투자와는 아주 동떨어진 채권 운용에서 커리어를 시작했으나, 누구보다 ETF가 보유한 잠재성을 잘 파악했고 과감하게 iShares를 인수해 블랙록을 성장시켰다.

ETF 성장에 따른 가장 큰 수혜자는 래리 핑크와 블랙록이라고 해도 과언이 아니다.

몰락한 후계자

래리 핑크는 UCLA에서 정치학을 공부했고, 같은 대학 MBA 과정에서 부동산을 전공했다. 모스트와 유사하게 경제 및 재무학 같은 전통적인 금융 백그라운드는 없었다. 하지만 래리 핑크는 졸업 이후 퍼스트 보스턴First Boston이란 회사에 취업해 채권 트레이더로 첫 커리어를 시작했다. 그는 MBA에서 배운 부동산 지식을 활용해 부동산을 담보로 발행한 모기지 채권을 주로 거래했다.

입사 이후 핑크는 빠르게 승진해 31세의 나이에 회사에서 가장 젊은 임원이 됐다. CEO 자리는 거의 시간문제였다고 한다. CEO 가도를 밟는 젊은 임원인 래리 핑크는 〈파이낸셜 타임스〉와의 인터뷰에서 당시 본인에 대해 '하늘 높은 줄 몰랐던 얼간이'라고 평가했다.

하지만 핑크의 드높은 자존감은 1986년 한순간 증발했다. 당시 이자율의 급작스러운 움직임을 헤지하지 못했던 핑크와 그의 팀은 1억

래리 핑크   출처: Bloomberg

달러 규모의 돈을 잃었다. 이로 인해 CEO 후계자였던 핑크는 경쟁 구도에서 밀려나 결국 1988년에 회사를 나오게 됐다.

'명예를 쌓기는 어려워도 무너지기는 쉽다'라는 말이 있듯이 핑크는 입사 이후 퍼스트 보스턴에 큰돈을 벌어다 줬지만, 한순간의 큰 실패로 CEO 후계자 라인에서 퇴출됐다. 다만 핑크는 혼자 나오지 않고, 함께 일했던 최측근들과 함께 퇴사해 채권 투자를 전문으로 하는 최고의 자산운용사를 만들기로 결심했다. 결국 핑크가 퍼스트 보스턴에서 얻은 가장 큰 자산은 CEO 후계자 타이틀이 아닌 퇴사를 함께할 정도로 신뢰가 굳건한 동료들이었다.

잘못된 인수합병의 결과로 책임을 지고 퇴사한 보글, 금리 변동을 헤지하지 못해 큰 손실을 내고 퇴사한 핑크. 보글과 핑크가 겪은 젊은 시절의 성공과 실패 그리고 불명예스러운 퇴사, 그 과정에서 가장 신뢰할 수 있는 동료들과 함께 나온 사례는 평행 우주처럼 유사하다.

블랙록의 출범

핑크는 주력 아이템으로 채권을 선택했고, 인력까지 구성했으나 돈이 부족했다. 그래서 당시 사모펀드의 제왕인 블랙스톤의 스티븐 슈워츠먼Steven Schwarzman 회장을 찾아가 50% 지분을 대가로 500만 달러를 지원받았다. 그리고 브랜드 가치를 고려해 신생 투자사 사명을 블랙스톤 파이낸셜 매니지먼트Blackstone Financial Management로 정했다. 블랙스톤이 지닌 위명을 활용해 회사의 사세를 키우는 전략이었다.

순항하던 핑크호號는 얼마 지나지 않아 전주인 블랙스톤과 더 이상 양립하기 힘들어졌다. 이유는 블랙스톤 파이낸셜 매니지먼트가 커질수록 핑크는 인재들에게 신규 지분을 발행해 나눠줬는데, 이는 기존 50%였던 블랙스톤의 지분을 희석했기 때문이다. 블랙스톤과의 이혼이 임박하자 핑크는 슈워츠먼 회장을 다시 찾아가 신규 사명을 허락받았다. 왜냐하면 블랙스톤이 이미 존재하기에 핑크는 이와 유사한 이름을 허락 없이 쓸 수 없었기 때문이다. 핑크가 택했던 신규 사명은 바로 블랙록이었다. 슈워츠먼은 블랙스톤과 유사한 이름인 블랙록을 핑크가 블랙스톤에 보이는 경의로 생각했다. 이렇게 블랙록은 1994년 블랙스톤으로부터 독립해 1999년 10월 증권시장에 상장했다. 당시 블랙록이 운용했던 자금 규모는 1,650억 달러였다. 10조 달러를 운용하는 현재 사세에 비하면 태양 앞에 반딧불 수준인 금액이었다.

알라딘Aladdin 기반의 솔루션 서비스

인수합병으로 CEO 자리에서 해임됐던 보글은 인수합병에 학을 뗐는지 뱅가드는 창립 이후 40년 동안 단 1건의 인수합병도 하지 않았다. 2021년에 매우 이례적으로 핀테크 회사인 저스트 인베스트Just Invest를

Aladdin.
by BlackRock

알라딘 로고

최초로 인수했다. 인수합병이 매우 빈번하게 일어나는 미국에서, 특히 금융권에서는 매우 이례적인 일이다.

마찬가지로 퍼스트 보스턴에서 이자율을 제대로 헤지하지 못해 퇴출당한 핑크는 리스크 관리에 극도로 민감했다. 이로 인해 핑크는 자산운용도 운용이지만 리스크 관리 프로세스 정립에 큰 공을 들였다. 그렇게 해서 최고의 리스크 관리 플랫폼인 알라딘이 탄생했다. 이는 Asset(자산), Liability & Debt(부채), Derivative(파생상품) and Investment(투자) Network의 약자로 1경 원을 굴리는 블랙록의 근간이 되는 IT 기술이다.

블랙록이 다른 자산운용사들과 차별화되는 점은 단순히 AUM의 크기가 아니라, 바로 알라딘 기반의 솔루션 비즈니스다. 리스크 매니지먼트를 목적으로 만들어진 알라딘은 금융업의 MRI 혹은 CT 기술과 유사하다고 평가받는다. 수술 전 MRI나 CT를 통해 환자의 정확한 상태를 측정하는 것처럼 알라딘은 특정 자산의 상태를 면밀하게 분석한다.

2008년도 금융위기 당시 상황을 복잡하게 만든 주요 요인으로 CDO(부채담보부증권)라는 파생상품이 있었다. A라는 자산을 기반으로

B라는 계약을 하고, 다시 B라는 계약을 기반으로 C라는 계약이 맺어졌다. 즉 C의 가치가 B에 연동되고, 다시 A에 연동되는 구조로 단계가 뒤로 가면 갈수록 정상적인 가치평가가 불가능해진다. 물론 누구나 기초 자산인 부동산 실물시장(A)이 죽으면 B와 C가 모두 부실 자산이 되는 것쯤은 안다. 하지만 정확히 얼마만큼 부실 자산인지(40%? 50%?) 측정하는 것은 쉬운 영역이 아니다. 그리고 금융위기의 대혼돈 속에서 미국 정부는 알라딘을 활용해 정확히 어떤 자산을 구제하고, 어떤 자산을 버릴지 결정할 수 있었다.

알라딘은 현존하는 리스크 매니지먼트 프로그램 중 최고로 평가받으며, 블랙록은 이를 기반으로 다양한 기관들에게 솔루션 서비스를 제공하고 있다. 블랙록의 고객 커버리지는 정부, 연기금 및 중앙은행 등 광범위하다. 심지어 미국의 중앙은행인 연준도 블랙록의 고객 중 하나로, 그만큼 관계가 끈끈하다.

실제로 2020년 코로나 패닉이 정점에 달했던 3월 연준은 금기를 깨고 회사채 시장에 개입했다. 미국의 회사채를 매입해 코로나 리스크가 신용위기로 확산되는 것을 막기 위해서였다. 그런데 당시 연준이 회사채 매입 방식으로 선택했던 수단이 바로 iShares Iboxx $ Investment Grade Corporate Bond ETF[LQD]라는 블랙록이 운용하는 회사채 ETF 매입이었다.

이는 핵심적인 공공기관 중 하나인 중앙은행이 특정 기업에 특혜를 줬다는 논란을 야기했다. 물론 블랙록은 연준으로부터 LQD 운용 보수를 받지 않았지만, '중앙은행이 산 ETF'라는 상당한 간접 홍보 효과가 발생했기 때문이다.

그림 9-1 알라딘 성장률

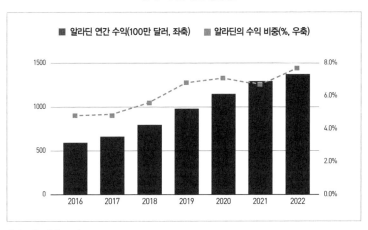

■ 알라딘 연간 수익(100만 달러, 좌축)   ■ 알라딘의 수익 비중(%, 우축)

출처: 블랙록 연례 보고서

일반 자산운용사와 마찬가지로 블랙록의 매출 채널은 주로 펀드와 ETF 상품에 집중되어 있다. 다만 훨씬 다변화되어 있다. [그림 9-1]을 보면 알라딘에서 발생하는 매출은 2022년 기준 블랙록 전체 매출의 8%가량을 차지했다. 핑크의 트라우마가 강력한 경쟁력으로 승화한 사례다.

액티브 하우스에서 ETF의 제왕으로

과거 블랙록은 상당히 잘 나가는, 특히 리스크 매니지먼트가 탄탄한 액티브 전략을 구사하는 채권운용사였다. 이는 오늘날의 블랙록 이미지와는 매우 상이하다. 지금의 블랙록은 대규모 패시브 ETF 상품을 중심으로 성장한 복합 자산운용사이기 때문이다.

그림 9-2 블랙록 AUM

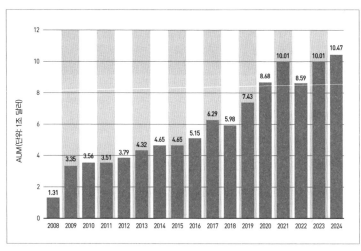

출처: Statista

　　액티브 하우스였던 블랙록이 패시브의 제왕이 된 데는 금융위기 이후 iShares라는 ETF 상품을 운용하던 바클레이즈 글로벌 인베스터스 Barclays Global Investors, BGI 인수가 크게 작용했다. 보통 iShares를 블랙록이 만든 ETF라고 생각하는데, 실제로 바클레이즈가 만든 브랜드명이다. 비유하면 LVMH(루이비통의 모회사)가 티파니를 인수하고 티파니 상품 라인을 그대로 활용하는 사례와 같다.

[그림 9-2] 차트에서 나타나듯이 블랙록의 AUM은 2008년 당시 미미했으나 2009년 BGI를 인수하면서 급격하게 증가했다. 그리고 지속적으로 성장해 2021년 최초로 10조 달러를 돌파했다.

금융위기 이후 글로벌 경제가 저성장 국면으로 진입하면서 투자자들은 여러 비용에 대해 인색해졌다. 수익률이 20% 나는 구간에서 1%의 비용은 별게 아닐 수 있으나, 수익률이 7~8%인 상황에서 1%의 비용은 엄청난 비중을 차지한다. 이로 인해 글로벌 투자자들은 '저비용+분산투자'의 장점을 지닌 ETF에 매료됐다. 자연스럽게 투자 패러다임은 ETF로 전환됐다.

이러한 이유에서 블랙록의 iShares 인수는 금융 업계에서 가장 완벽한 인수합병 사례로 평가받는다. 하지만 합병 후 과정은 순탄치 않았다. 블랙록은 BGI를 인수한 이후 3년간의 고통스러운 시간을 보냈다. 패시브 투자의 BGI와 액티브 채권 운용으로 시작된 블랙록 사이에는 메우기 힘든 문화적 간극이 있었기 때문이다. 병합 과정에서 BGI 출신 임원 절반이 퇴사했으며, 핑크는 마키아벨리식 군주론을 펼쳤다. BGI 출신 임원은 이를 다음과 같이 회고했다.

"왕(핑크)은 영주들(임원)의 절대적인 복종을 원했다. 그리고 그렇지 않은 자들을 모두 숙청했다.

The prince[Fink] needed all the barons to commit to total loyalty, and

basically killed off all the barons that wouldn't do so."

적응과 생존

블랙록이란 회사를 ETF의 제왕 혹은 월가의 거인이라고 표현하긴 했지만, 블랙록에 대한 가장 적합한 표현은 아니다. 블랙록은 애초에 채권 운용으로 시작했던 회사이며, BGI 인수를 통해 ETF 사업에 뛰어들었다. 그리고 현시점에서 그 어떤 운용사보다 ETF 사업을 크게, 그리고 잘한다. 돌이켜 보면 ETF 사업 기회는 뱅가드에게 먼저 갔다. 보글이 만약 모스트의 제안을 받아들였으면 어땠을까? 혹은 바클레이즈가 iShares 브랜드를 팔지 않았으면 어땠을까? 혹은 모스트와 함께 최초로 SPY를 상장시켰던 스테이트 스트리트가 ETF 사업에 좀 더 진심이었으면 어땠을까? 이 모든 게 가정이지만, 결국 ETF 사업 기회는 모두에게 공평하게 왔다고 볼 수 있다. ETF라는 신은 공평했다. 핑크는 이 기회를 가장 적극적으로 잡았을 뿐이다.

액티브 채권운용사로 시작했으면 어땠을까? 결국 블랙록에게 ETF와 패시브 투자는 새로운 기회였고, 적응해야 할 시대의 흐름이며 생존의 수단이었다. 2024년 1월 블랙록은 비트코인 현물 ETF를 출시했다. 혹자는 비트코인은 변동성이 너무 심해 고객에게 제공해서는 안 되는 자산이라고 한다. 그래서 전통적인 운용사에서 다루지 말아야 할 상품이라고 한다. 이것은 블랙록에게 무슨 의미일까? 비록 전통 자산운용사로 시작했지만, 시장과 고객이 원하는 상품이라면 고민 없이 출시한다. 결국 또 다른 적응과 생존의 과정일 뿐이다.

ETF의 본질

CHAPTER 10

깡통, 포장지 그리고 배

지금까지 다룬 내용을 정리하고 ETF의 상품성과 본질을 살펴보자.

1. 공모 펀드가 지닌 상품성은 전문인력이 운용하는 분산투자에 있다. 이
   에 대한 대가로 투자자는 운용 보수를 지불한다.

2. 지수란 미지의 무언가^{Unknow}를 특정 기준으로 분류하고 재조립한 결과
   물이다. 덩어리처럼 보이는 미국 주식시장을 시가총액과 산업으로 나
   누고 분류한 값이 바로 S&P 500과 나스닥 같은 지수들이다. 결국 지수
   란 금융시장을 더 잘 이해할 수 있게 도와주는 지도다.

3. 펀드의 성과 평가 기준이 되는 지수가 바로 벤치마크다. 벤치마크보
   다 성과가 좋은 경우를 아웃퍼폼, 그리고 저조한 경우를 언더퍼폼이라
   한다.

4. 일반적인 펀드는 벤치마크를 이기려는 액티브 전략을 구사하지만, 인덱스 펀드의 경우 벤치마크를 100% 추종한다. 이를 패시브 전략이라고 부른다.

5. 편입비 관점에서 인덱스 펀드를 보면 어떨까? 인덱스 펀드는 시장을 그대로 추종하기 때문에 편입비는 거의 100% 가깝게 유지된다. 그래야만 시장 지수 수익률과 동일하게 따라갈 수 있다.

6. 패시브 전략은 시장을 이기려 노력하지 않는다. 자산을 사고 그저 보유한다. 자산을 사고파는 거래가 빈번하지 않아 거래 비용이 낮다. 구사하는 전략이 단순해 리서치 비용도 낮다. 공장으로 비교하면 제조 과정이 단순한 상품과 같이 값이 저렴하다.

7. 시간이 지남에 따라 투자 수익률이 기하급수로 늘어나는 현상을 복리의 마술이라고 한다. 단 시간에 따라 증식하는 것은 복리의 마술뿐만이 아니다. 비용의 횡포가 있다. 시간이 지닌 양면성을 고려한다면 결국 투자란 복리의 마술과 비용의 횡포 사이의 줄다리기다. 저비용은 확정적으로 투자 성과에 좋다고 할 수 있다.

8. 인덱스 펀드는 낮은 비용으로 전체 시장 수익률을 추구한다. 최초의 인덱스 펀드는 뱅가드의 설립자 잭 보글이 1976년에 만들었다.

9. 17년 후 전직 잠수함 음향 엔지니어였던 79세의 네이트 모스트는 스테이트 스트리트와 함께 S&P 500 지수를 추종하는 ETF를 상장시켰다. 상품의 이름은 SPY. S&P 500 지수를 추종하는 최초의 ETF다.

10. 블랙록의 창업자 래리 핑크는 2009년 바클레이즈로부터 iShares를

인수했고, ETF 사업에 뛰어들었다. 이를 계기로 블랙록은 전 세계에서 가장 큰 자산운용사가 됐다.

ETF의 상품성

ETF란 상장된 인덱스 펀드다. 코스피나 S&P 500과 같은 특정 지수를 저비용으로 추종하는 인덱스 펀드의 특성을 고스란히 보유한 채 주식처럼 자유자재로 거래가 가능한 상품이다. 이로 인해 ETF가 지닌 핵심 상품성과 장점은 상당수 인덱스 펀드에서 기인한다고 볼 수 있다. 다음 1과 2의 특성은 인덱스 펀드에서 나오며, 3은 ETF의 대표적인 상품성 중 하나다.

1. 지수 추종: 패시브 투자를 기반으로 전체 시장을 온전히 추종
2. 저비용: 최소한의 비용을 통해 복리의 횡포 최소화
3. 원활한 장중 거래: 주식처럼 자유로운 트레이딩 가능

결론적으로 ETF가 금융업의 중심이 될 수 있었던 이유는 압도적인 상품성 때문이다. 액티브 전략의 투자 성과는 미지수다. 반면 보수는 확정적이다. 그러므로 시간이 장기간 누적될수록 저비용 패시브 투자의 수익률은 액티브 투자 수익률을 높은 확률로 추월하게 된다. ETF

는 더 나아가 펀드를 주식처럼 자유롭게 트레이딩할 수 있는 옵션을 제공한다. 설정과 해지에 수일이 소요되는 펀드와 달리 ETF는 매수와 매도 주문이 즉각적으로 반영된다. 그래서 고객 입장에서 ETF를 거부할 이유를 찾기 힘들다. 많은 사람이 펀드가 ETF 대비 밀리는 이유를 수익률에서 찾으려 하는데, 이는 잘못된 접근 방식이다. 애초에 투자의 세계에서 수익률은 확정할 수 없다. 핵심은 상품성이다. 공모 펀드의 수익률이 설사 ETF보다 좋다 한들 이러한 흐름을 뒤집기 쉽지 않다.

[그림 10-1]을 보면 실제로 패시브와 액티브 사이의 자금 유입 및 유출 추이가 2014년도 이후 정확히 반비례함을 알 수 있다. 즉 액티브 상품에서 돈이 빠져나와 패시브 상품으로 흘러 들어가고 있다. 물론 해당 추이는 앞으로도 지속될 가능성이 크다.

그림 10-1 패시브 vs 액티브 자금 추이

출처: 파이낸셜 타임스

ETF의 본질

펀드라는 상품을 원자재를 보관하는 창고로 인식했던 모스트의 혜안이 지금의 ETF를 만들었다. 그러므로 ETF의 본질은 결국 깡통이다. 텅 빈 깡통에 콜라가 들어가면 코카콜라가 되고, 알코올이 들어가면 맥주나 소주가 된다. 즉 ETF는 깡통으로써 내용물을 잘 담기 위한 역할에 충실하며 어떤 내용물, 즉 어떤 지수를 벤치마크로 선택하는지에 따라 다양한 상품이 된다.

만약 시장에는 코카콜라로 출시됐는데 뭔가 착오가 있어서 상품의 맛이 코카콜라가 아닌 펩시콜라면 어떨까? 분명 스프라이트로 출시된 음료수이지만, 맛만 스프라이트이고 김이 다 빠져 있으면 어떨까? 분명 소비자 입장에서는 화가 날 것이다. ETF도 마찬가지다. 콜라 ETF는 콜라 맛을 벤치마크로 삼아야 하고, 스프라이트 ETF는 반드시 사이다 맛을 벤치마크로 추종해야 한다.

이를 좀 더 우아하게 표현하면 ETF는 본질적으로 '배'와 유사하다고 볼 수 있다. 배의 역할은 선원과 상품을 실어 어딘가로 떠나는 것이지만, 배 혼자서는 어디에도 갈 수 없다. 항해를 위해서는 지도가 필요하다. 즉 지수라는 지도 말이다.

만약 지도가 미국 대형주 주식시장을 가리키면 지도의 이름은 S&P 500이 되며, 배의 이름은 S&P 500 ETF가 된다. 지도가 일본 대형주 주식시장을 향한다면 지도는 니케이Nikkei 225가 되고, 배는 니케이

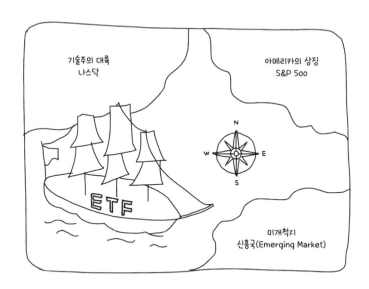

225 ETF로 명명한다. 지도가 한국의 주식시장을 그린다면 지도의 이름은 코스피고, 배의 이름은 코스피 ETF다. ETF라는 배는 반드시 지도가 가리키는 곳으로 향해야 한다.

ETF는 무엇이든 담을 수 있는 깡통이며, 포장지이자
지도를 따라 항해하는 배다.

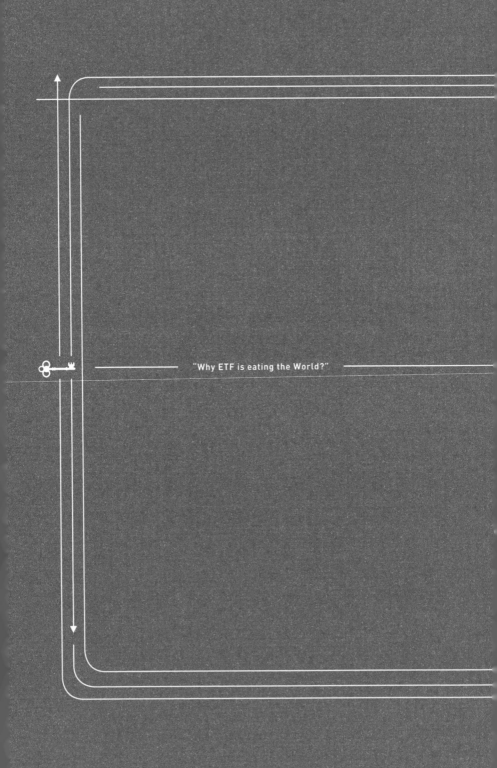

"Why ETF is eating the World?"

PART
3

ETF 구조를 이해하면
다른 금융 상품은
눈에 들어오지 않는다

지금까지 WHY ETF였다면 이제부터는 HOW ETF다. 즉 ETF가 구체적으로 어떻게 작동하는지에 대한 내용이다. PART 3은 상당히 기술적이기 때문에 어려울 수 있다. 그러나 다 읽고 난 후에는 ETF가 왜 최고의 금융 상품으로 불리는지 확실히 이해할 수 있다. ETF는 1) 분산투자, 2) 저비용, 3) 장중 거래 외에 4) 확장성, 5) 비용 효과 그리고 6) 투명성이라는 상품성을 기반으로 금융 산업에 혁명을 일으켰다. ETF의 작동 메커니즘을 이해한다면 ETF의 장점을 100% 활용해 투자 의사결정을 내릴 수 있다. 그 어떤 금융 상품도 이렇게 다양한 장점을 포괄하지 못한다.

ETF 작동 메커니즘을 이해하는 궁극적인 목적은 좋은 ETF를 찾는 안목을 갖추기 위해서다. 맨 처음 언급한 4% 룰은 비단 주식시장에만 적용되지 않는다. 숫자와 비율이 다를 뿐, 소수가 대부분의 가치를 창출하는 통계적 결과물은 매우 보편적이다. 대표적으로 20%가 나머지 80%를 움직이는 파레토 법칙이 있다. 이는 ETF도 마찬가지다.

ETF 시장이 커짐에 따라 ETF 상품 라인업이 점차 다양해지고 있다. 과거 ETF는 코스피, S&P 500 그리고 나스닥 같은 대표 지수 추종형 상품들이 대다수였다. 하지만 경쟁이 치열해지며 점차 틈새시장을 공략하는 ETF가 등장하기 시작했다. 레버리지는 기본이며, 여러 파생상품을 활용해 고정적인 배당 수익 등을 내는 ETF가 설정되고 있다. 이런 다양한 상품 중에 나에게 맞는 상품이 무엇인지를 골라낼 수 있는 실력을 갖추기 위해서는 ETF의 메커니즘에 대한 이해가 필수다.

CU와 비용 효과

창고 내의 거래를 불허한다

발행시장과 유통시장

앞 장에서 설명했듯이 ETF는 주식처럼 거래되는 인덱스 펀드다. 펀드와 주식의 특징을 모두 지닌 ETF는 독특한 구조를 지닌다. 바로 발행시장Primary Market과 유통시장Secondary Market 모두에서 거래되는 특징이다. ETF는 유통시장에서 매일 주식처럼 거래되지만, 동시에 발행시장에서도 매일 설정과 해지가 이뤄진다.

주식을 예로 유통시장과 발행시장의 작동 방식을 살펴보자. 유통시장은 통상 사람들이 주식을 사고파는 일반적인 장내 거래소를 뜻한다. 애플, 삼성전자 그리고 구글 등 온갖 주식들이 유통시장에서 거래된다. 그리고 유통시장에서 주식이 거래되기 위해서는 선제적으로 신규 주식이 발행되어야 한다. 혹은 이후 증자를 통해 기업은 추가로 주식을 발행할 수도 있다. 즉 주식은 최초 발행시장에서 만들어지고 이후 유통시장으로 흘러 들어가 일반 투자자들 사이에서 거래되는 구조다.

가령 DUDE 컴퍼니를 가정해 보자. DUDE는 추가적인 사업 확장을 위해 돈이 필요하다. 그래서 DUDE는 발행시장을 찾아가 투자자들에게 돈을 받고, 그 대가로 새로운 주식을 신규로 발행한다.

이후 DUDE 컴퍼니는 사업 확장에 성공해 주식은 유통시장에서 더 높은 가격에 거래된다. 이때 DUDE 주식을 보유한 투자자들은 거래소에서 자유롭게 다른 투자자들과 DUDE 주식을 교환할 수 있다.

유통시장의 핵심은 주식의 소유권 거래다. 즉 유통시장에서 DUDE 주식을 사도 그 돈은 DUDE 컴퍼니에게 들어가지 않는다. 반대로 DUDE 주식을 팔아도 DUDE 컴퍼니로부터 돈을 받지 않는다. 불특정 상대방과 주식에 대한 소유권만 교환하는 행위다.

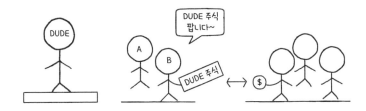

발행시장과 유통시장은 생각보다 밀접하게 얽혀 있다. 가령 기업이 돈이 필요해 증자하는 경우 유통시장의 환경이 중요하다. 유통시장에서 해당 기업의 주식이 잘 거래되고 주가가 올라갈수록 발행시장에서 좋은 조건에 증자가 가능해진다. 반대로 거래량이 적고 가격이 내려가는 환경이라면 발행이 힘들어진다. 발행하더라도 그만큼 디스카운트를 해야 할 수 있다. 2022년도처럼 유통시장이 정말 좋지 않은 경우 상장을 준비하는 기업들은 IPO 자체를 딜레이하기도 한다.

ETF도 유통시장과 발행시장의 작동 원리를 따른다. 유통시장에서는 ETF의 소유권만이 바뀌며, 발행시장에서는 실제로 돈이 움직인다. 즉 ETF의 발행시장은 펀드로 돈이 들어오고 나가는 설정과 해지 프로세스를 뜻한다.

기업은 신규 자금이 필요할 때 발행시장을 찾고, 이후 주식은 유통시장에서 거래된다. 그렇다면 ETF는 어떤 기준으로 발행시장과 유통시장을 선택할까? ETF의 유통시장과 발행시장 경로를 결정하는 기준은 바로 거래량이다. 일반적인 거래량은 모두 유통시장인 거래소가 소화한다. 예를 들어 DUDE ETF의 AUM이 1,000억 원인데, 매수나 매도하고 싶은 규모가 10억 원이라면 유통시장이 적합한 거래 장소다. 즉 투자자는 10억 원에 해당하는 DUDE ETF를 불특정 누군가로부터 사며, 반대로 10억 원만큼 DUDE ETF를 불특정 누군가에게 판다.

하지만 거래 규모가 커지면 유통시장은 더 이상 적합한 옵션이 아니다. 가령 거래 규모가 800억 원이면 어떨까? AUM이 1,000억 원인 ETF의 80%에 해당하는 물량이다. 이 경우 투자자는 유통시장이 아닌 발행시장을 찾는다. 그리고 일반적인 펀드처럼 설정과 해지 과정을

표 11-1 ETF 유통시장 vs ETF 발행시장

	ETF 유통시장	ETF 발행시장
거래 방식	소유권 거래	설정 및 해지
거래량	상대적으로 적음	상대적으로 많음
자금 유출입	없음	있음

밟아야 한다. 이 경우 투자자는 800억 원을 ETF에 설정하고, ETF를 매니징하는 운용사는 해당 금액만큼 자산을 매입한다. 반대로 800억 원만큼 팔고 싶다면 투자자는 ETF에 해지를 넣는다.

> 주식과 펀드의 하이브리드인 ETF는 유통시장과 발행시장
> 모두에서 거래되는 특징을 지닌다.

ETF의 발행시장: Creation Unit^{CU}

ETF가 지닌 상품 구조의 진정한 혁신은 발행시장에 있다. 발행시장에서 ETF의 설정과 해지는 현금으로 이뤄지지 않는다. 예를 들어 엔비디아나 삼성전자가 IPO를 하면 투자자들은 엔비디아나 삼성전자에 돈을 투자하고 지분을 받는다. 자산운용사가 펀드를 론칭한다고 가정해 보자. 투자자들은 펀드에 돈을 설정하고 펀드의 좌수(주식의 지분과 같은 개념)를 얻는다. 그런데 ETF는 다르다. 돈이 아닌 다른 무언가로 설정된다.

저비용과 최소한의 트레이딩을 신조로 삼았던 보글은 모스트의 제안을 거절했지만, 그가 들고 왔던 ETF 청사진에 몇 가지 조언을 해 줬다. 이를 기반으로 모스트는 인덱스 펀드의 한계를 극복했다. 저비용을 신조로 삼는 인덱스 펀드라도 최소한의 거래는 발생할 수밖에 없

다. 바로 펀드로 유입되는 설정과 나가는 해지 요청에 대응하기 위한 거래 말이다. 현금이 설정되면 그만큼 자산을 사야 한다. 고객이 해지를 요청하면 돈을 돌려주기 위해 그만큼 자산을 팔아야 한다. 해당 거래만큼은 아무리 지수를 추종하는 인덱스 펀드라고 할지라도 피할 수 없다. 하지만 모스트는 보글의 조언을 기반으로 펀드라는 창고에 유입과 유출되는 현금 움직임을 차단했다. 그리고 ETF 설정과 해지를 Creation Unit[CU] 혹은 바스켓이란 자산의 묶음으로 대체했다.

ETF의 독특한 구조를 이해하기에 앞서 일반적인 펀드의 설정과 해지 프로세스를 먼저 살펴보자. DUDE 미국 주식형 펀드는 A, B, C, D 그리고 E라는 5개 종목으로 구성된 지수를 벤치마크로 추종하는 인덱스 펀드다.

펀드의 설정 구조

① 투자자가 펀드에 설정을 요청하면 돈이 입고되고, ② 펀드는 해당 금액만큼 벤치마크에 맞춰 시장에서 자산을 매입한다. 이 과정에서 자연스럽게 거래 비용이 발생한다.

반면 DUDE 미국 주식형 ETF의 설정 구조는 다음과 같다. ① 펀드와 마찬가지로 투자자는 ETF란 창고에 설정을 요청한다. 다만 '누군가(바로 뒤에서 설명 예정이다)'의 도움으로 현금은 자산의 묶음인 CU 보따

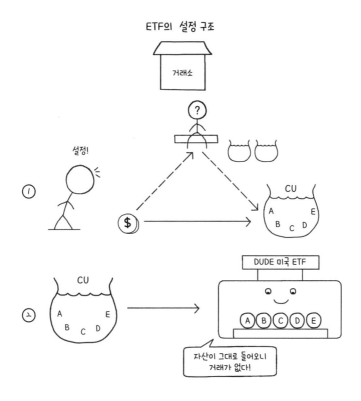

ETF의 설정 구조

리로 바뀐다. 이때 CU를 구성하는 자산은 DUDE ETF가 추종하는 벤치마크 지수 구성과 동일하다. ② ETF로 CU가 입고되며 별도의 거래가 일어나지 않는다.

펀드는 설정 자금에 맞춰 지속적으로 거래해야 하지만 ETF는 유입되는 단위가 현금이 아닌 벤치마크를 구성하는 자산들이다. 이로 인해 ETF는 최소한의 거래조차 억제하는 효과를 낳는다. 아무리 인덱스 펀드라도 어디까지나 펀드이기에 설정 및 해지에 대응하는 거래는 피할 수 없다. 이에 비해 모스트가 디자인한 ETF는 CU를 통해 펀드가 지닌 근본적인 한계를 극복했다고 볼 수 있다.

반대로 돈을 회수하고 싶은 투자자의 해지 요청이 들어오면 어떤

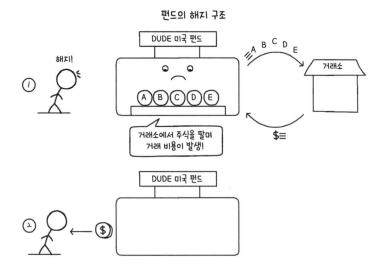

펀드의 해지 구조

가? ① 투자자가 해지를 원하면 펀드는 해당 금액에 맞춰 거래소에서 자산을 팔며, ② 투자금을 돌려준다. 물론 매도에 따른 거래 비용이 발생한다.

반면 DUDE 미국 주식형 ETF의 해지 과정은 다음과 같다. ① 펀드와 마찬가지로 투자자는 ETF란 창고에 해지를 요청한다. ETF는 별도의 거래 없이 해지 금액에 맞춰 자산을 CU 형태로 묶어서 그대로 돌려준다. ② 설정 과정과 동일하게 '누군가'의 도움으로 CU는 현금으로

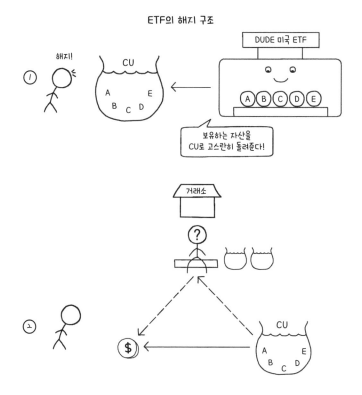

ETF의 해지 구조

바뀌며 투자자에게 돌아간다.

이제 CU에 대한 이해의 지평선을 조금 더 넓혀 보자.

DUDE 펀드와 함께 DUDE ETF가 추종하는 지수는 DUDE Top 5 지수다. 즉 미국에서 시가총액이 제일 높은 최상위 5개 기업으로 이뤄진 인덱스다. 마이크로소프트, 엔비디아, 애플, 아마존 및 메타로 구성되어 있다. 해당 종목들의 정보는 [표 11-2]와 같다. 예시를 위해 종목들의 가격은 모두 100달러로 통일하며 ETF에 설정되는 금액은 10만 달러다.

표 11-2 DUDE Top 5 지수와 구성 비중

DUDE Top 5 지수	지수 구성 비중
마이크로소프트	30%
엔비디아	25%
애플	20%
아마존	15%
메타	10%
합산	100%

DUDE ETF는 DUDE Top 5 지수를 추종하는 패시브 투자 상품이므로 지수 비중을 고스란히 반영해야 한다. 결론적으로 투자자가 10만 달러만큼 DUDE ETF에 투자할 경우 필요로 하는 CU 구성 내역은 [표 11-3]과 같다.

ETF 고유의 설정과 해지 메커니즘은 상품의 운용 보수에도 영향을 미친다. S&P 500 지수를 추종하는 뱅가드 ETF[VOO]의 보수는 0.03%인 반면, 인덱스 펀드인 VFIAX의 보수는 0.04%이다. 이 둘은 같은 S&P

표 11-3 CU 구성 내역

DUDE Top 5 지수	지수 구성 비중	매입 규모(달러)	주식 수
마이크로소프트	30%	30,000	300주
엔비디아	25%	25,000	250주
애플	20%	20,000	200주
아마존	15%	15,000	150주
메타	10%	10,000	100주
합산	100%	100,000	

500 지수를 추종하기에 이론적으로는 비용의 차이가 있으면 안 된다.

결국 ETF 고유의 비용 효과가 반영된 결과물로 해석할 수 있다.

그림 11-1 VOO 운용 보수

출처: Vanguard

그림 11-2 VFIAX 운용 보수

출처: Vanguard

유동성 공급자^{LP}의 등장

모스트가 디자인한 ETF 설계도는 기본적으로 소액 투자자(리테일 투자자)를 유통시장으로 분류하고, 거래 규모가 큰 기관의 설정과 해지를 발행시장으로 유도하는 구조다. 유통시장에서 ETF 거래는 단순 소유권의 교환이다. ETF로 자금이 들어오거나 ETF 밖으로 자금이 빠져나가지 않는다. 그리고 유통시장에서 소화되지 않는 대규모 자금은 발행시장에서 CU로 처리된다. 결론적으로 ETF라는 창고 안에서는 어떠한 거래가 일어나지 않는다.

그렇다면 자금 규모가 큰 대형 기관의 경우 CU를 어떻게 만들어 낼까? 앞에서 언급했던 DUDE Top 5 지수는 아주 단순한 예시일 뿐이며, 대부분의 지수는 10개 이상의 종목으로 구성되어 있다. 가장 대표적인 S&P 500 지수는 문자 그대로 500개 기업으로 구성된다. 때문에 개별 종목들을 지수에서 차지하는 비중에 맞춰 CU로 만드는 일은 엄청나게 번거로울 수밖에 없다.

이러한 역할은 앞에서 언급한 '누군가'에 해당하는 AP^{Authorized Participant}(지정참가회사) 혹은 LP^{Liquidity Provider}(유동성 공급자)라고 불리는 증권사가 수행한다. 발행시장에서 CU라는 묶음 혹은 보따리를 만들어 ETF에 설정하고 해지하는 역할을 대행한다. 한마디로 원래라면 운용사가 추종하는 지수에 맞춰 직접 자산을 매입해야 하지만, 운용사가 펀드 내에서 거래하면 거래 비용이 올라가므로 펀드 외부에서 AP나 LP가 이를 대행하는 구조다. 보편적으로 AP보다는 LP라는 표현이 흔하기에 지금부터 LP로 용어를 통일한다.

이 글에서 지속적으로 반복되는 개념이지만, 펀드는 창고다. 그리고 창고 안에서 거래가 일어나면 비용이 발생한다. 그래서 모스트는 보글의 조언을 기반으로 모든 거래를 창고 밖에서 일어나게 설계했다.

ETF 설계도의 핵심, 창고 내의 거래를 불허한다.

모스트의 ETF 설계도는 너무나 완벽하지만 자연스럽게 다음과 같은 질문이 떠오른다. "LP들이 과연 어떠한 이유로 ETF의 설정 및 해지를 자발적으로 처리해 주는가?" 왜냐하면 CU를 만드는 과정에서 시간과 노력이 들어가며, 펀드에서 발생할 거래 비용이 LP들에게 넘어오기 때문이다.

그렇다면 LP의 이해관계는 무엇이며, 설정과 해지 과정에서 무엇을 얻을까?

괴리율과 추적오차

좋은 ETF란 무엇인가

CU를 통한 설정 및 해지 프로세스는 일반적인 펀드 대비 ETF에 보다 우월한 비용 효과를 부여한다. 이번 장에서는 ETF의 작동 과정에 남은 궁금증을 해소하고자 한다. 바로 LP의 역할이다. ETF를 이해하는 마지막 열쇠는 바로 LP에 있다.

- 왜 LP가 운용사를 위해 일하는가?
- LP가 자선단체가 아닌데, 왜 ETF의 원활한 프로세스를 돕는가?
- LP의 이해관계는 무엇인가?

다만 LP의 역할을 이해하기에 앞서 ETF 구조에 대한 보다 심층적인 이해가 필요하다. Chapter 11에서 언급했듯 ETF는 유통시장과 발행시장을 모두 오가는 특성을 지닌다. 유통시장에서 ETF는 상장 주식처럼 계속 거래되므로 가격이 실시간으로 움직인다. 유통시장에서 거래되는 ETF의 가격을 바로 시장 가격이라고 한다. 반면 ETF의 모태가 되는 펀드는 설정과 해지의 기준이 되는 기준 가격이 존재한다. 즉 펀드와 주식의 특성을 모두 가지고 유통시장과 발행시장을 오가는 ETF는 1) 시장 가격과 2) 기준 가격이란 2개의 가격을 지닌다.

ETF는 2개의 가격을 지닌다

일반적으로 펀드의 자산 평가는 보유하고 있는 자산의 당일 종가를 기반으로 산출한다. 가령 A라는 펀드에서 애플 주식 50%와 엔비디아 주식 50%를 보유하고 있다고 가정해 보자. 만약 애플이 그날 1%가 오르고 엔비디아가 2% 오른다면, 펀드 A의 자산 평가는 +1.5%가 된다. 가령 펀드의 기준 가격을 100으로 잡았다면 새로운 기준 가격은 101.5이다. ETF라고 해도 결국 근원은 펀드이기에 ETF가 지닌 기준 가격은 종가를 기반으로 매일 산출된다.

이론적으로 이 기준 가격과 유통시장에서 실시간 거래되는 시장 가격은 서로 일치해야 한다. 하지만 기준이 되는 종가와 매시, 매분, 매초 트레이딩되는 가격 사이에는 어쩔 수 없는 괴리가 존재한다. 가령 ETF의 기준 가격이 101.5라고 해도 시장 가격은 101.1, 101.2,

101.3··· 이렇게 차이가 나타날 수 있다. 특히 시장의 거래량이 얇거나 특수한 이벤트가 발생할 경우 유통시장에서 거래되는 가격은 기준 가격과 상당한 차이를 보일 수 있다. 그 갭이 미미하다면 큰 문제가 되지 않지만, 갭이 커질 경우 반드시 해소해야 한다.

순자산가치^{Net Asset Value, NAV}와 괴리율

기준 가격 혹은 종가에 산출되는 가격이란 표현이 지금까지 상당히 두루뭉술하게 들렸을 수 있다. 정확히 표현하면 기준 가격은 순자산가치^{NAV}를 기반으로 산출되며, NAV 가격이라고 부르기도 한다. 이는 ETF뿐만 아니라 모든 펀드에 적용되는 개념이다. 쉽게 이해하기 위해 예시를 통해 NAV와 기준가를 직접 계산해 보자.

> NAV = 펀드 내의 모든 자산(현금 + 주식 + 채권 등)에서 부채를 뺀 값

예를 들어 DUDE AI 펀드는 미국의 AI 테마에 투자하는 전략을 구사하며 엔비디아, SMCI, 버티브^{Vertiv} 그리고 마이크로소프트에 투자한다. 참고로 SMCI는 GPU 서버를 전문으로 만드는 회사이고, 버티브는 AI 데이터센터에 필요한 쿨링 시스템을 설계하는 회사다. 펀드 규모는 총 1만 달러로 자산의 일부는 현금으로 보유하고 있으며, 외부

에서 빌린 부채는 없다. 다만 기본적으로 운용사가 가져가는 운용 보수와 펀드의 계좌를 관리하는 수탁사(은행)에게 지급할 보수 등이 있다. 이를 미지급 보수라고 통칭해 분기별로 10달러가 차감될 예정이다. 그렇다면 현재 DUDE AI 펀드의 NAV는 1만 달러에서 10달러를 차감한 9,990달러가 된다.

표 12-1 DUDE AI 펀드 NAV 계산 테이블

DUDE AI 펀드				
자산(달러)			부채(달러)	
주식	엔비디아	3,000	미지급 보수	10
	마이크로소프트	3,000		
	SMCI	2,000		
	버티브	1,900		
현금		100		
자산		10,000	부채	10
			순자산가치(NAV)	9,990

　DUDE AI 펀드 투자에 따른 좌수는 초기 투자한 금액과 동일하다. 가령 1만 달러를 투자할 경우 투자자는 1만 좌를 얻게 된다. 만약 펀드의 초기 설정 금액이 5,000달러면 투자자들은 총합 5,000좌를 소유하게 된다. 혹은 설정 금액이 2,000달러면 투자자들이 보유한 좌수의 총합은 2,000좌가 된다.

　펀드가 설정된 시점에서 기준가 계산은 매우 단순하다. NAV를 좌수로 나누면 되니 어떤 경우에도 1달러가 된다. 가령 NAV가 5,000달러면 투자자들의 좌수는 5,000좌이므로 기준 가격은 1달러가 되는 구조다.

단, 현시점에서 DUDE AI 펀드의 NAV는 9,990달러다. 그러므로 기준 가격은 다음과 같이 산출된다. 만약 초기 투자자들이 2,000달러를 넣었다면 ① 9,990/2,000이 되어 기준가는 4.995가 된다. 펀드의 첫 시작이 5,000달러였다면 ② 9,990/5,000이 되어 기준가는 1.998이다. 이는 펀드 및 ETF에 동일하게 적용된다. DUDE AI 펀드이든 DUDE AI ETF든 마찬가지다.

여기까지가 기준 가격 계산 방식이다. 다만 안타깝게도 ETF는 주식처럼 거래되는 특성을 지니기 때문에 시장에서 거래되는 ETF 가격은 ① 4.995 혹은 ② 1.998과 다를 가능성이 크다. 유통시장에서는 NAV를 기준으로 수요와 공급에 의해 가격이 움직이기 때문이다. 실제 지수 움직임과 무관하게 수급만으로 ETF 가격은 변동할 수 있다. 투자자들이 시장에서 실시간으로 거래하는 시장 가격과 NAV 기반으로 산출된 기준 가격의 차이가 바로 괴리율이다.

시장에서 ETF 매수가 매도를 압도하는 상황을 가정해 보자. 이로 인해 시장 가격은 수급 요인에 의해 기준 가격보다 더 높아진다. 가령 ETF의 기준 가격은 1% 상승했는데, 시장 가격은 1.2% 오르면 +0.2%의 괴리율이 발생하게 된다. 반대의 경우도 마찬가지다. 기준 가격은 1% 하락했는데, ETF 시장 가격이 1.2% 빠지면 -0.2%만큼 괴리율이 나타난다.

ETF 가격이 기준 가격보다 높은 경우를 프리미엄[Premium] 상태라고 하며, 반대로 ETF 가격이 기준 가격보다 낮을 경우 디스카운트[Discount]

라고 한다. 다만 프리미엄과 디스카운트 모두 ETF 시장 가격이 실제 기준 가격과 차이가 생긴 경우로 해당 괴리율은 해소되어야 한다.

추적오차

결론적으로 ETF가 정상적으로 작동하기 위해서는 다음 세 가지 수익률이 모두 동일하게 움직여야 한다.

1. ETF가 추종하는 벤치마크 지수
2. NAV 기반으로 산출되는 ETF의 기준 가격
3. 시장에서 거래되는 ETF의 가격

이를 그림으로 표현하면 다음과 같다.

그림 12-1 추적오차와 괴리율

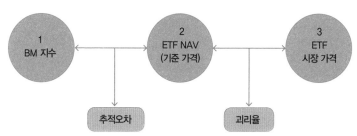

[그림 12-1]에서 2와 3의 차이는 앞에서 언급했듯 괴리율이다. 그렇다면 1과 2의 격차는 무엇일까?

기본적으로 ETF는 시장을 그대로 추종하는 상품이기 때문에 벤치마크와 NAV 기반 기준 가격은 동일한 수익률을 나타내야 한다. 가령 S&P 500 지수가 오늘 1% 오르면 해당 지수를 추종하는 ETF의 기준 가격 또한 1% 상승해야 한다. 만약 지수가 1% 올랐는데, ETF 기준 가격이 0.8% 오르면 명백한 문제다. 이 두 가격 차이를 바로 추적오차 Tracking error라고 한다.

현실적으로 추적오차를 0으로 만드는 것은 불가능에 가깝다. DUDE AI 펀드를 예로 들면 언급한 운용 보수와 사무 수탁 보수는 실제 지수 움직임과 ETF 수익률 간의 차이를 만들어 내는 요소 중 하나이다. 하지만 이를 감안해도 지수와 ETF 사이 현격한 수익률 차이가 존재해서는 안 된다. 즉 낮은 추적오차는 ETF를 만들고 매니징하는 운용사의 역량이다.

괴리율과 함께 추적오차는 펀드이자 주식의 특성을 모두 지닌 ETF가 반드시 신경 써야 할 요소다.

유동성도 중요하다

주식처럼 거래되는 ETF는 매수호가(이 가격에 ETF를 사겠다)와 매도호가(이 가격에 ETF를 팔겠다)가 서로 만나며 거래가 성사된다. 그러므로 원활한 거래가 이뤄지기 위해서는 매수호가와 매도호가가 얼마나 촘촘히 형성되어 있는지가 중요하다. 이를 거래 유동성^{Liquidity}이라고 표현한다. 유동성이 중요한 이유는 ETF의 기준 가격과 시장 가격 차이인 괴리율에 일조하기 때문이다. 그리고 이 매수호가와 매도호가 차이를 바로 스프레드라고 한다. 유통시장에서 거래되는 ETF의 유동성이 얇을 경우 이 스프레드는 확대된다.

가령 코스닥 지수가 1% 상승했다고 가정하자. 그럼 코스닥 지수를 추종하는 ETF의 기준 가격 또한 1% 올라야 한다. 해당 ETF는 작은 규모의 ETF로 유동성이 그리 풍부하지 않다고 가정해 보자. 이로 인해 지수와 기준 가격은 1% 올랐지만 시장에서 거래되는 매도호가는 1.2%에 걸려 있고, 매수호가는 0.8%에 걸려 있다. 즉 팔고 싶은 사람은 1%가 아니라 1.2%에 팔고 싶어 하고, 사고 싶은 사람 또한 1%가 아닌 0.8%에 매수하기를 희망하는 상황이다.

즉각적인 매수를 원하는 투자자의 경우 실제 기준 가격인 1%가 아니라 매도호가인 1.2%에 체결해야 한다. 이 경우 투자자는 -0.2% 손실을 보게 된다. 반대로 즉각적인 매도를 원하는 투자자라면 1%가 아니라 매수호가인 0.8%에 체결해야 한다. 실제 가격보다 0.2% 낮은 가

표 12-2 유동성

DUDE 코스닥 ETF			10,100
매도호가	300	10,160	1.6%
	100	10,150	1.5%
	50	10,140	1.4%
	150	10,130	1.3%
	400	10,120	1.2%
매수호가	500	10,080	0.8%
	100	10,070	0.7%
	50	10,060	0.6%
	200	10,050	0.5%
	150	10,040	0.4%

격에 매도하므로 손실이다. 즉 0.2%만큼의 괴리율이 발생하고 있다.

유동성 이슈는 여기서 끝나지 않는다. 유동성이 떨어지는 상황에서 거래량이 한 방향으로 조금만 쏠려도 괴리율은 더욱 증폭된다. 가령 코스닥 ETF 1,000주를 바로 팔고 싶은 투자자는 현시점에서 0.8% 매수호가에 주문을 넣어야 한다. 그런데 0.8%에 걸려 있는 매수호가가 500주밖에 없으면 어떻게 될까? 투자자는 남은 500주를 그다음 호가인 0.7%, 혹은 그 이하 호가에 던져야 한다.

[표 12-2]를 예시로 들면 투자자는 0.8%에 500주, 0.7%에 100주, 0.6%에 50주, 0.5%에 200주 그리고 0.4%에 150주를 팔아야 한다. 즉 1,000주를 매도하기 위해 기준 가격인 +1%인 상황에서 +0.4%까지 ETF의 시장 가격이 밀리는 셈이다.

반대로 1,000주를 바로 사고 싶은 투자자는 1.2% 매도호가에 주문을 체결해야 한다. 하지만 1.2%에 걸려 있는 매도호가가 400주라면 어떻게 될까? 잔여 600주를 그다음 매도호가인 1.3% 혹은 그 이상의 호가들에 체결해야 한다. 투자자는 1.2%에 400주, 1.3%에 150주, 1.4%에 50주, 1.5%에 100주 그리고 1.6%에 300주를 팔아야 한다. 즉 1,000주를 매수하기 위해 기준 가격인 +1%인 상황에서 +1.6%까지 ETF의 시장 가격이 밀려 올라가는 셈이다. 결론적으로 실제 ETF의 기준 가격은 +1%인 10,100원이나 거래되는 유동성 수준과 즉각적인 거래를 원하는 투자자들의 니즈가 섞이며 괴리율은 증폭될 수 있다.

다만, 흥미롭게도 금융에서 유동성만큼 정확한 정의를 내리기 어려운 단어가 없다. 왜냐하면 거래량은 고정적인 상수가 아니다. 시장이 좋을 때는 거래량이 많고 유동성이 풍부해서 언제든지 매수나 매도가 가능하다. 하지만 시장이 좋지 않으면 거래량이 줄고 유동성은 급격하게 마른다. 유동성이 가장 풍부하다고 평가받는 미국 국채시장 또한 코로나 당시 급격한 유동성 리스크에 직면했다. 동시에 굉장히 주관적인 개념이기도 하다. 체결하고 싶은 거래량이 100만 원 정도라면 시장 상황과 무관하게 언제든지 가능하다. 하지만 금액이 커질수록 유동성은 민감하게 다가올 수밖에 없다. 결국 유동성은 '내가 원하는 시점에 큰 스프레드 없이 적정 가격으로 자산을 팔거나 살 수 있는 요소'로 정의 가능하다.

좋은 ETF란?

1. 추종하는 벤치마크 지수 대비 추적오차가 미미한 ETF

2. 괴리율이 낮게 관리되는 ETF

3. 거래량이 풍부해 매수 및 매도호가 스프레드가 좁은 ETF

CHAPTER
13

유동성 공급자^{LP}

차익거래를 통해 ETF를 지킨다

괴리율을 이해했으니 드디어 유동성 공급자[LP]의 역할에 대해 다룰 수 있게 됐다. 괴리율은 ETF 기준 가격과 시장 가격과의 차이를 의미한다. 시장 가격이 높으면 프리미엄, 낮으면 디스카운트다. 다만 어느 쪽이나 ETF 시장 가격이 기준 가격과 차이가 나므로 괴리율은 ETF에 좋은 현상이 아니다. ETF를 운용하는 운용사는 이 괴리율을 해소해야 하는 의무가 있다. 단 운용사가 직접 나서 가격 괴리를 일치시키지는 않는다. 유동성 공급자인 LP에게 위임한다. 모스트가 디자인했던 ETF 청사진은 LP로 인해 완성된다고 해도 과언이 아니다.

차익거래

동일한 상품이 같은 시점에 서로 다른 장소에서 별개의 가격으로 거래되고 있으면 어떻게 될까? 아주 자연스럽게 차익거래가 발생한다. 눈치 빠른 사람들은 가격이 낮은 장소(A)에서 상품을 사서 가격이 높은 곳(B)에 가져다 판다. 이렇게 되면 매수가 집중되는 A 지역에서 가격은 상승하고, 반대로 매도가 몰리는 B 지역에서 가격은 내려간다. 시간이 지나면 결국 A 지역과 B 지역의 가격은 동일해진다. 이 과정에서 차익거래 참여자들은 이윤을 창출하고 시장의 불균형은 자연스럽게 해소된다. 바로 차익거래의 순효과다.

차익거래는 아주 보편적인 트레이딩 전략이다. 대표적인 예가 바로 비트코인이다. 비트코인은 지역 불문 동일한 상품이다. 한국에서 거래되는 비트코인은 미국에서 거래되는 비트코인과 동일하다. 일본에서 거래되는 비트코인과도 같다. 즉 모두 동일한 상품이다. 하지만 비트코인이 거래되는 거래소들은 각기 다르다. 이로 인해 가격 차이가 발생한다.

A라는 거래소에서 매수가 집중되면, 동일한 비트코인이라도 다른 거래소 대비 가격이 상승하게 된다. 이를 눈치챈 누군가가 다른 거래소에서 비트코인을 사서 A로 보내 판다면, 가격 차익만큼의 이익을 낼 수 있다. 차익거래자들이 많아질수록 A 거래소의 비트코인 가격은 전체적인 평균에 수렴하게 될 수밖에 없다. 이로 인해 A 거래소의 가격

불균형은 자연스럽게 해소된다. 언론에서 이미 여러 차례 들어 익숙한 김치 프리미엄이 바로 이 불균형의 전형적인 예다.

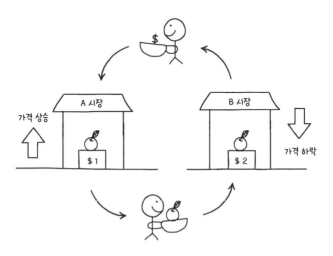

차익거래의 매력은 바로 무위험 수익 창출이다. 그림에서처럼 거래소 A에서 사서 B에 팔면 즉각적인 이윤을 확정할 수 있으니 가격 리스크가 없다. 엔비디아 주식을 100달러에 살 경우, 향후 가격이 어떻게 될지 모르니 투자에는 필연적으로 리스크가 동반된다. 하지만 다른 누군가가 같은 시점에 동일한 엔비디아 주식을 120달러에 사고 있다면, 차액인 20달러만큼 이윤이 확정된 셈이다. 그래서 차익거래는 공짜 점심이라고 불리기도 한다.

차익거래를 언급한 이유는 ETF 괴리율을 좁히기 위한 LP의 역할이 바로 차익거래이기 때문이다.

프리미엄 상황에서 차익거래

ETF 수급이 매수 방향으로 몰릴 경우 시장 가격은 기준 가격보다 높게 형성되며 양의 괴리율이 발생한다. LP는 시장 가격을 낮춰 기준 가격에 수렴시켜야 한다.

차익거래 원칙은 그대로 적용된다. LP는 1) 물량을 사서, 2) 동시에 시장에 물량을 팔고, 3) 프리미엄인 괴리율을 해소하며, 4) 그 차익만큼 이익을 챙긴다. 시장 가격이 ETF 기준 가격까지 내려가면 괴리율은 사라지고 LP의 역할은 끝난다. 여기서 2), 3) 그리고 4)는 자명하다. 매도 물량이 많아지면 가격은 자연스럽게 내려가기 때문이다. 직관적이지 않은 단계는 바로 1)이다. 도대체 어디서 매도를 위한 물량을 사는가? 시장에서 ETF를 사면 LP는 되려 프리미엄을 키우는 데 일조하게 된다. 그렇다고 해외에서 ETF를 사 와서 한국에서 팔 수 있는 구조도 아니다. 그렇다면 LP는 어디서 물량을 만드는가? 유통시장과 발행시장을 오가는 ETF의 특징을 기억해 보자. 답은 바로 발행시장이며, 펀드의 설정 및 해지가 일어나는 과정을 뜻한다.

프리미엄 상황에서 LP의 차익거래가 어떻게 진행되는지 순차적으로 살펴보자.

① 유통시장에서 ETF가 2달러에 거래되며 기준 가격인 1달러 대비 괴리율이 발생하고 있다.

② 괴리율을 해소하기 위해 LP는 우선 주식시장에서 1달러만큼 주식들을
사서 CU를 만든다. 그리고 CU를 설정하고 이에 대한 대가로 ETF를 받
는다. 이때 CU는 ETF가 추종하는 지수의 종목들로 구성되어야 한다.
가령 S&P 500 ETF라면 LP가 만드는 CU는 해당 지수에 포함된 모든
기업으로 이루어진다.

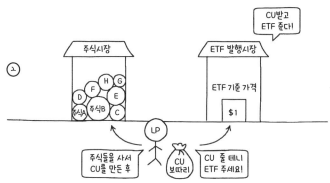

③ 이후 LP는 발행시장에서 만들어진 ETF를 유통시장으로 들고 가 개당
2달러에 판다. 이로 인해 ETF 시장 가격은 낮아지고 괴리율은 해소된
다. 결론적으로 LP는 1달러를 지불하고 CU를 형성하지만 설정 후 받
는 ETF는 괴리율로 인해 2달러다. 즉 LP는 프리미엄만큼의 차이를 고
스란히 이익으로 얻는다.

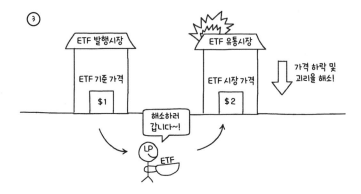

결국 LP가 운용사를 위해 ETF 괴리율을 해소하는 이유는 괴리율 자체가 그들에게 훌륭한 차익거래 기회로 작용하기 때문이다. 이런 기회가 없다면 철저하게 이익에 따라 움직이는 금융시장에서 LP가 이런 서비스를 제공할 이유가 없다.

디스카운트 상황에서 차익거래

이제 반대 경우인 디스카운트 사례를 다뤄 보자. ETF 수급이 매도 방향으로 몰릴 경우, 시장 가격은 기준 가격보다 낮게 형성되며 음의 괴리율이 발생한다. LP는 시장 가격을 높여 기준 가격에 수렴시켜야 한다.

이 경우에도 차익거래 원칙은 그대로 적용된다. LP는 1) 시장에서 물량을 사서, 2) 발행시장에서 물량을 팔고, 3) 디스카운트인 괴리율을 해소하며, 4) 그 차익만큼 이익을 챙긴다. 시장 가격은 ETF 기준 가격 근처까지 올라가며 괴리율은 해소된다.

디스카운트 상황에서 LP의 차익거래가 어떻게 진행되는지 순차적으로 살펴보자.

① 유통시장에서 ETF가 0.5달러에 거래되며 기준 가격인 1달러 대비 괴리율이 발생하고 있다.

② 괴리율을 해소하기 위해 LP는 우선 ETF 유통시장에서 0.5달러에 ETF를 싸게 산다. 유통시장에서 매수가 증가하며 가격은 상승하고 괴리율은 해소된다. 직후 LP는 발행시장에서 해지를 신청하며 ETF를 돌려주고 CU를 받는다.

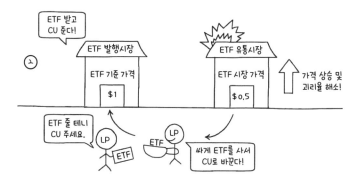

③ 이후 LP는 발행시장에서 받은 CU를 주식시장에 가져가 1달러에 판다. 결론적으로 LP는 0.5달러를 지불하고 ETF를 사서 해지 후 받는 CU를 1달러에 파는 셈이다. 디스카운트 괴리율은 고스란히 LP의 이익이다.

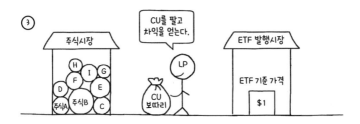

방향과 방식만 다를 뿐 프리미엄 혹은 디스카운트 괴리율 모두 LP에게는 훌륭한 차익거래 기회인 셈이다. 기준 가격을 중심으로 시장 가격이 올라도 차익거래가 발생하고, 내려도 차익거래가 가능하다. 결론적으로 기준 가격과 시장 가격이란, 2개의 가격을 지닌 ETF와 LP

그림 13-1 예시: KODEX 코스피 ETF에 지정된 LP

상품개요	
기초지수명	코스피
최초설정일/상장일	2015-08-21 / 2015-08-24
펀드형태	수익증권형
총보수	0.150%
분배금기준일	매 1월, 4월 7월, 10월의 마지막 영업일 및 회계기간 종료일(다만, 회계기간 종료일이 영업일이 아닌 경우 그 직전 영업일)
유동성공급자(LP)	신한증권, 한국증권, 유진증권, 메리츠, NH투자증권, KB증권, 현대차증권, 유안타증권, SK증권, 삼성증권, DB금투, 하이증권, 키움증권, 하나증권, 엘에스증권, IBK증권
자산운용사	삼성자산운용(주)
홈페이지	http://www.kodex.com

는 서로 떼려야 뗄 수 없는 관계를 지닌다.

운용사가 지정한 LP들은 시장 가격과 NAV 기반의 기준 가격을 모니터링하며 괴리율을 좁히기 위해 지속적으로 유동성을 공급한다. 결국 괴리율은 LP들에게 훌륭한 차익거래의 기회다.

추적오차의 근본적인 원인

CHAPTER 14

완전 복제와 부분 복제

이번 장에서는 괴리율에 이어 추적오차에 대해 더 깊게 다룰 예정이다. 앞 장에서 다뤘듯 추적오차는 ETF가 추종하는 지수 수익률과 ETF 기준 가격 수익률의 차이다. ETF의 원형이 인덱스 펀드임을 상기하면 지수 수익률과 ETF 수익률은 동일해야 한다. 그리고 ETF를 매니징하는 운용사는 추적오차가 발생하지 않도록 최대한 지수를 추종해야 한다. 그런 의미에서 괴리율 관리가 LP의 역량이라면 추적오차 관리는 운용사의 역량이라고 할 수 있다. 다만 이론적으로 추적오차는 없어야 하지만 현실적인 한계에 의해 일부 추적오차는 필연적이다. 추적오차는 괴리율과 함께 ETF 구조를 이해하는 핵심 퍼즐이다.

지수 복제 방식

지금까지 단순하게 "ETF는 벤치마크로 삼는 특정 지수를 완벽하게 추종해야 한다"라고 표현했는데, 이 '추종'에는 실제로 다양한 방법이 있다. 일반적인 경우 ETF는 벤치마크 지수를 구성하는 종목들을 그대로 담는다. 가령 코스피 200 지수를 추종하는 ETF는 해당 지수의 구성 종목들을 모두 매수한다. S&P 500 지수를 추종한 ETF 또한 마찬가지다.

하지만 경우에 따라 지수에 담긴 종목들을 말 그대로 모두 매수하는 것은 때때로 비효율적일 수 있으며, 비현실적이기도 하다. S&P 500 지수 혹은 코스피 200 지수들은 해당 사항이 아니다. 왜냐하면 해당 지수들에 속한 기업들은 한 국가를 대표하는 대형주들로 시장에서 거래량이 많다. 그래서 지수에 속한 주식들을 원활하게 사고팔 수 있다. 즉 ETF 종목으로 편입하는 데 어려움이 거의 없다.

하지만 대형주 기반의 지수가 아닌 중·소형 혹은 선진국이 아닌 신흥국 증시를 추종하는 ETF는 현실적인 제약에 부딪힌다. 거래량이 적으니 쉽사리 사고팔 수 없다. 사더라도 프리미엄을 지불하고, 팔더라도 디스카운트로 매도해야 한다.

이로 인해 ETF의 지수 추종 방식은 크게 완전 복제와 부분 복제라는 두 갈래 길로 갈린다. 완전 복제는 추종하는 지수에 해당하는 종목들을 모두 매수하는 방식이다. 반면 부분 복제는 해당 지수를 구성하는 핵심 종목들 위주로 포트폴리오를 구성해 지수와 최대한 비슷한 수익률을 복제하는 방식이다.

부분 복제가 사용되는 대표적인 예로 MSCI AC WORLD 지수^{ACWI}를 꼽을 수 있다. MSCI AC WORLD 지수는 글로벌 3대 지수 사업자 중 대표 격인 Morgan Stanley Capital International이 만든 지수로 S&P 500 인덱스와 함께 글로벌 금융시장을 대표하는 지수 중 하나다. 미국에 상장된 기업들로 구성된 S&P 500 지수와 달리 ACWI는 미국뿐만 아니라 전 세계적인 기업들을 대표하는 지수다. 이런 의미에서 가장 글로벌한 지수로 평가받는다.

MSCI ACWI는 2023년 말 기준 47개 시장을 포괄하며, 23개의 선진국 증시 그리고 24개의 신흥국 증시로 구성되어 있다. 해당 지수를 추종하는 글로벌 자금 규모는 4조 6,000억 달러에 달한다. 지수에 편입된 기업의 개수는 총 2,837개다.

그림 14-1 iShares MSCI ACWI ETF

Portfolio Characteristics

Number of Holdings ❶ as of Jun 13, 2024	2,364	Equity Beta (3y) ❶ as of May 31, 2024	0.93
30 Day SEC Yield ❶ as of May 31, 2024	1.46%	12m Trailing Yield ❶ as of May 31, 2024	1.73%
Standard Deviation (3y) ❶ as of May 31, 2024	17.00%	P/E Ratio ❶ as of Jun 13, 2024	21.83
P/B Ratio ❶ as of Jun 13, 2024	3.11	Unsubsidized 30-Day SEC Yield ❶ as of May 31, 2024	1.46%

This information must be preceded or accompanied by a current prospectus. For standardized performance, please see the Performance section above.

출처: 블랙록

ACWI를 추종하는 ETF를 만들기 위해선 S&P 500 지수와 달리 상당한 번거로움이 동반된다. 총 47개 국가의 2,837개 기업을 모두 담아야 하기 때문이다. 이는 현실적으로 쉽지 않은 일이기에 운용사들은 완전 복제가 아닌 부분 복제를 통해 상품을 구성했다. 이를 블랙록의 iShares MSCI ACWI ETF를 통해 확인할 수 있다.

iShares MSCI ACWI ETF는 MSCI ACWI 지수를 추종하는 대표적인 상품이며, 2024년 6월 기준 AUM은 187억 달러다. 흥미로운 점은 보유하고 있는 기업의 개수다. 2,364개로 2,837개 종목으로 구성된 실제 ACWI 대비 83%에 불과하다. 즉 지수와 그 지수를 추종하는 ETF의 종목 구성이 서로 일치하지 않는다.

지수에 담긴 종목을 100% 담지 않고 일부만을 편입해 지수와 근접한 움직임을 내는 방식을 바로 부분 복제 혹은 샘플링Sampling이라고 한다. 한마디로 iShares MSCI ACWI ETF는 샘플링 방식을 통해 ACWI 지수를 추종하고 있다.

운용사가 완전 복제를 택하지 않고 부분 복제를 선택하는 이유는 지수를 구성하는 종목이 너무 많아 비중이 미미한 일부에 대해서는 스킵이 가능하기 때문이다. 가령 MSCI ACWI 지수에서 이집트와 체코가 차지하는 비중은 각각 0.01%이며, 해당 국가 증시가 지수 전체에 미치는 영향은 극히 제한적일 수밖에 없다. 반면 62.6% 비중을 차지하는 미국 종목들은 하나라도 놓쳐서는 안 된다.

혹은 거래량이 적어 해당 자산이 시장에서 쉽게 거래되지 않는 경우도 있다. 선진국에서 신흥국 증시로 갈수록 시장 사이즈가 작아지기에 선진국 수준의 깊은 유동성을 기대하기 힘들다. 이 경우 개별 종목들의 매수호가와 매도호가 사이 스프레드가 벌어질 가능성이 커진다.

결론적으로 MSCI ACWI처럼 포괄하는 지역이 다양하고 기업의 개수도 많은 지수는 S&P 500처럼 있는 그대로의 자산 편입이 쉽지 않다. 그렇기에 운용사는 지수를 구성하는 자산 중 핵심 부분만을 추려 ETF 포트폴리오를 구성한다.

일부 자산으로 전체 움직임을 캡처해야 하므로 운용사의 샘플링은 최적의 방식으로 이뤄진다. 단, 그럼에도 샘플링은 완전 복제가 아니기 때문에 완전체인 지수와 어느 정도 오차가 발생할 수 있다. 추종하는 지수의 범위가 넓으면 넓을수록 ETF 포트폴리오를 구성하는 역량이 더욱 돋보이게 된다. 이런 이유에서 추적오차는 운용사의 역량이라는 말이 나온다.

추적오차를 야기하는 다른 원인들

ETF와 지수 사이의 추적오차를 발생시키는 요인은 비단 지수 복제 방법뿐만이 아니다. 다음과 같은 요소들이 추가적으로 ETF의 추적오차를 야기한다.

1. ETF 보수: ETF 벤치마킹 대상이 되는 지수에는 보수가 없다. 즉 올해 S&P 500 지수가 10% 상승하면 벤치마킹 수익률은 온전히 10%다. 하지만 ETF에는 운용 보수가 있어 수익자들에게 귀속되는 최종 수익률은 지수 수익률에서 보수를 차감한 값이다. 가령 운용 보수가 0.02%라면 투자자들에게 돌아가는 최종 수익률은 9.98%가 된다.

2. 지수 사용료: MSCI와 같은 지수 사업자가 만든 지수에는 라이선스가 붙는다. 이로 인해 해당 지수를 사용해 ETF를 만드는 운용사들은 지수 사업자들에게 비용을 지급해야 한다. 앞에서 언급한 MSCI ACWI 혹은 S&P 500 지수 모두 사용료가 존재한다. 운용 보수와 같이 이 비용은 지수 수익률과의 추적오차를 발생시키는 요인 중 하나다.

3. 배당 및 이자: 배당의 재투자 여부는 투자 수익률을 결정하는 데 있어 매우 중요한 역할을 한다. ETF도 여느 주식들처럼 투자에 따른 배당을 받게 되는데 Price Return ETF^{PR}의 경우 배당금을 그냥 분배하는 반면 Total Return ETF^{TR}는 이를 재투자한다.

   분배금을 자동 재투자하는 TR ETF는 장기 투자로 갈수록 일반적인 PR ETF보다 수익률이 우월해진다. 재투자도 재투자지만 TR ETF는 배당을 분배하지 않고 바로 재투자하므로 세금을 유보하는 효과를 내기 때문이다. 자산을 팔아야 세금이 부과되는 주식과 달리 배당은 분배되는 시점에 이미 세금이 청구된다. 즉 복리의 효과를 누리는 것이다. 그리고 유보된 세금은 최종적으로 ETF를 매도한 시점에 일괄 청구돼 투자 시간이 길어질수록 TR ETF의 성과는 PR ETF보다 높아지게 된다.

4. 환헤지 여부: 일부 해외 투자 ETF는 해외 투자에서 발생하는 환율 리스크를 제거하는 환헤지를 한다. 일반적으로 애플 주식에 투자하면 주식의 매매 차익과 원/달러 환손익의 합이 최종 수익률이 된다. 다만 환헤지를 100% 하게 되면 원/달러 환율 움직임은 제거되고, 애플 주식의 매매 차익만 얻는다. 가령 애플 주식이 10% 상승하고 환율이 -10% 내렸다면, 최종 수익률은 0%다. 하지만 환헤지를 할 경우 -10%만큼의 환 변동은 소거된다. 이로 인해 투자자는 애플 주식 수익률인 10%만을 얻는다.

물론 반대로 환율이 10% 상승한 경우라도 최종 수익률은 10%가 된다. 환헤지로 인해 10%의 잠재적 수익이 사라진 셈이다. 즉 환율의 상승 및 하락과 무관하게 자산 수익률만 가져가는 방식을 환헤지라고 한다.

얼핏 들으면 마법처럼 느껴질 수 있으나 금융에 공짜란 없다. 즉 환헤지를 하게 되면 두 통화 간의 금리 차이로 인해 디스카운트 혹은 프리미엄이 발생하게 된다. 그리고 이는 ETF와 지수 사이의 추적오차를 확대하는 요인으로 작용한다.

추적오차는 어느 정도 필연적인 산물이다. 지수를 복제하는 과정에서 일차적으로 추적오차가 발생할 수 있다. 더 나아가 운용 보수와 지수 사용료 같은 요소는 ETF 입장에서 피할 수 없는 부분이다.

환헤지가 궁금한 당신에게

환헤지는 ETF와는 직접적으로 관련이 없는 내용이긴 하나 생각보다 많은 투자자가 환헤지에 대해 관심을 보인다. 특히 최근 환율이 장기간 유지되어 온 1,050·1,200원 밴드를 뚫고 올라와 환을 헤지하려는 수요가 크다. 동시에 투자자들의 다양한 니즈에 맞춰 운용사들이 환오픈형 혹은 헤지형 상품을 내놓고 있다. 이에 따라 환헤지에 대한 이해는 보다 다양한 ETF 투자 전략을 구사하는 데 도움이 된다.

헤지Hedge는 생각보다 어려운 개념이 아니다. 헤지의 사전적 의미는 울타리다. 무엇에 대해 울타리를 친다는 것일까? 바로 잠재적인 위험

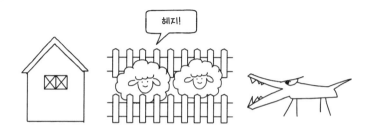

에 대해 울타리를 쳐서 그 위험으로부터 나 자신을 보호하는 행위가 바로 헤지다.

아주 간단한 예시로 화재 보험이나 여행자 보험 등을 들 수 있다. 사람들이 화재 보험에 가입하는 이유는 혹시나 화재가 발생했을 경우 그 손실액을 개인이 감당하기 힘들기 때문이다. 그러므로 소액의 보험금을 납입해 화재라는 잠재적 위험으로부터 내 자산을 보호한다. 여행자 보험 또한 마찬가지다. 여행지에서 사고가 나거나 아플 경우 골치 아파진다. 미연의 사태를 대비한다는 것이 바로 헤지의 개념이다. 생각해 보면 모든 일상이 헤지의 연속이다.

환헤지란 결국 예측하기 힘든 환율 변동으로부터 자산 가치를 보호하는 행위다. 그렇다면 환헤지 메커니즘은 어떻게 이뤄지는가? 비유하자면 환헤지는 두 명의 뱃사공이 같은 배에서 서로 반대 방향을 향해 노를 젓는 행위다. 즉 환헤지는 특정 위치에 배를 고정시킨다.

모든 해외 투자는 환율 변동이란 리스크에 노출된다. 가령 애플 주식을 사기 위해서는 달러가 필요한데, 1,000원에 사든, 1,200원에 사든 환율은 지속적으로 움직이므로 손익이 발생한다. 이 손익을 '뱃사공 A-매수'라고 부르자. 환율이 오르면 A는 좋고, 환율이 빠지면 A는 슬프다. 헤지를 위해선 두 번째 '뱃사공 B'가 필요하다. B는 환율이 오를 때 슬프고, 빠질 때 즐겁다. 그러므로 뱃사공 B는 매도를 상징한다.

방금 뱃사공 A가 달러를 샀는데, 왜 다시 뱃사공 B가 달러를 되파는지 직관적으로 이해가 안 될 수 있다. 왜냐하면 방금 달러를 사서 애

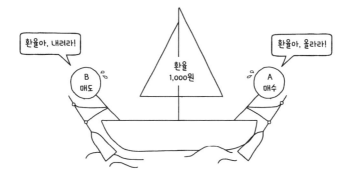

플 주식을 매수했으니 팔 수 있는 달러 현금이 없기 때문이다. 정확히 표현하면 뱃사공 B는 외환 파생상품을 통해 미래의 특정 시점에 달러를 파는 거래를 상징힌다.

일반적으로 달러와 같은 외환 그리고 주식을 거래하고 결제하는 데는 2영업일 정도가 소요된다. 거래Trade란 가격을 정하는 행위며, 결제Settle란 확정한 가격으로 돈을 주고받는 프로세스다. 즉 오늘 가격을 확정하면 결제일인 2영업일 사이 가격이 오르든 내리든 결제 내역에는 전혀 영향이 없다. 이러한 2영업일 이내의 거래 방식을 현물 거래라고 한다.

파생상품은 이 결제일을 2영업일이 아니라, 수개월 혹은 수년까지 연장시킨다. 이로 인해 오늘 달러를 팔고 2개월 이후 결제일을 지정한다면, 오늘 체결한 가격으로 2개월 후에 달러를 주고 원화를 받는 거래가 가능해진다. 물론 이 2개월 동안 환율이 오르든 내리든 오늘 계약한 거래에 전혀 영향을 미치지 않는다. 이렇게 결제일이 거래일로부

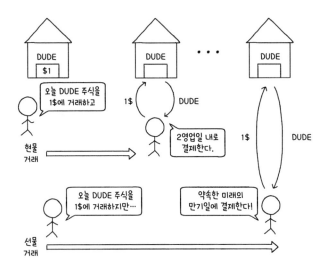

터 먼 거래 방식을 선물 거래라고 한다. 선물 거래에 대해서는 Chapter 22 원자재 ETF에서 심도 있게 다룰 예정이다.

그러므로 환헤지란 오늘 애플 주식을 100달러에 사면서(뱃사공 A), 동시에 동일한 달러 금액을 특정 미래 시점의 결제일까지 외환 파생 상품을 통해 파는(뱃사공 B) 행위다. 이렇게 되면 동일한 환율로 달러를 사고팔게 되므로 ETF라는 배에 뱃사공이 2명 생기게 된다. 즉 환율이 올라도 영향을 받지 않고, 내려도 상관이 없다.

달러를 현시점에서 사고, 미래에 되파는 이 거래는 결국 해당 기간 동안 달러를 빌리는 행위와 같다. 즉 동일한 기간 동안 두 통화를 주고 받으니 교환한다는 의미에서 스와프Swap라고 한다.

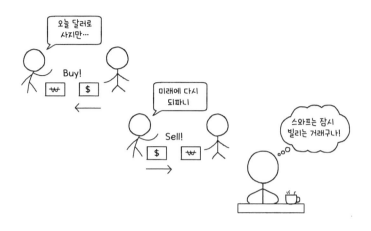

이때 관건은 바로 금리다. 달러 기준 금리가 5%, 그리고 원화 기준 금리가 3.5%라고 가정하자. 이는 곧 달러를 빌리는 입장이 유리함을 뜻한다. 원래라면 3.5% 이자를 받는 원화를 보유하고 있었는데, 5% 이자를 주는 달러를 얻기 때문이다. 즉 거래가 공평하기 위해서는 달러를 빌려주는 쪽이 금리 차이인 1.5%만큼 프리미엄을 받아야 한다. 반대로 표현하면 달러를 빌리는 쪽이 1.5%만큼 프리미엄을 지불해야 한다.

반대로 원화보다 금리가 낮은 통화에 대해 환헤지를 하게 되면 어떻게 될까? 가령 엔화의 경우처럼 말이다. 엔화 기준 금리는 오랜 기간 지속된 마이너스 0.1%를 탈피해 현재 플러스 0.1%다. 그렇다면 엔화 자산에 대한 환헤지는 원화 소유자에게 불리하다. 왜냐하면 3.5% 이자가 나오는 통화를 빌려준 대가로 0.1% 이자가 발생하는 통화를

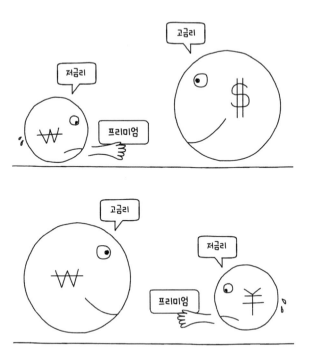

받기 때문이다. 이에 대한 대가로 두 통화의 금리 차이인 3.4%만큼의 프리미엄을 받아야 이 거래는 성립된다.

정리하면 원화 대비 고금리 통화에 대한 환헤지 거래는 프리미엄을 지불한다. 반면 원화 대비 저금리 통화에 대한 환헤지 거래는 프리미엄을 수취한다. 현실은 훨씬 복잡하다. 하지만 기준 금리 차이만으로 대략적인 환헤지 프리미엄 및 디스카운트 레벨 추정이 가능하다.

지수 산출 방식

현재 세계를 반영하는 방법

분산투자, 저비용, 벤치마크, 펀드와 주식의 하이브리드, 괴리율, 추적 오차 그리고 LP의 역할 등 ETF를 구성하는 핵심 요소들을 대부분 커버했다. 지금부터는 ETF의 앙꼬와 같은 지수에 대해 다룰 것이다. 앞 장에서 지수는 금융시장을 보다 잘 이해하기 위한 지도와 같다고 표현했다. 그렇다면 다음과 같은 질문이 자연스럽게 떠오른다.

"지도는 어떻게 만들어지는가?"

시가총액 가중지수

일반적으로 접하는 대부분의 지수는 구성 기업들의 시가총액을 기반으로 산출되며, 이를 기반으로 만들어진 지수를 바로 시가총액 가중지수Market Cap Weighted Index라고 표현한다.

여기서 기업의 시가총액은 현재 주가와 발행된 주식 수를 곱한 값으로 해당 기업의 사이즈를 의미한다. 가령 삼성전자의 주가는 2025년 1월 8일 기준으로 5만 7,300원이며, 발행된 주식 수는 총 59억 6,978만 2,550개다. 이로 인해 시가총액은 342조 원이 된다. 우선주는 없다고 가정하자.

시가총액 가중지수란 지수를 구성하는 개별 기업들의 비중을 시가총액 기준으로 산출한 값이다. 가령 전체 증시의 시가총액이 100이라고 가정했을 때 A 기업의 시가총액이 5일 경우 해당 기업이 지수에서 차지하는 비중은 5%가 된다. 엔비디아, 마이크로소프트, 애플, 구글 그리고 메타로 구성된 DUDE AI 지수를 예로 들면 [표 15-1]과 같다.

시가총액 가중지수의 가장 대표적인 예인 S&P 500 지수는 1957

표 15-1 DUDE AI 시가총액 가중지수

구성 종목	가격(달러)	주식 수	시가총액(달러)	비중
엔비디아	80	625,000	50,000,000	20%
마이크로소프트	60	1,041,667	62,500,000	25%
애플	70	892,857	62,500,000	25%
구글	50	750,000	37,500,000	15%
메타	90	416,667	37,500,000	15%
전체 합산 가격	350		250,000,000	100%

년 3월 4일 처음 시작됐다. 당시 기준으로 S&P 500 지수의 시가총액은 1,720억 달러에 불과했으며, 425개의 산업재와 15개의 철도 기업 그리고 60개의 유틸리티 기업으로 구성됐다. IT가 주도하는 S&P 500 지수의 현주소와는 사뭇 다른 시작이었다.

S&P 500 외에도 MSCI ACWI, FTSE 100 그리고 니케이 225 등 우리가 아는 대부분의 글로벌 주요 지수는 시가총액 기반으로 산출된다. 그 이유는 시가총액 가중지수가 지수 본연의 역할에 가장 잘 부합하기 때문이다. 지수는 현실 세계를 보다 잘 이해하기 위한 지도라고 설명했다. 대기업들이 경제와 산업 전반에 더 큰 영향력을 미치는 점을 고려하면 기업의 사이즈를 지수 비중 산정에 고려하는 방식은 너무나 당연할 수밖에 없다. 결과적으로 시가총액 가중지수는 사이즈가 큰 대형주 위주로 구성되며, 이들의 움직임이 지수 전체 수익률에 지대한 영향을 미친다.

시가총액 가중지수는 현실 세계를 가장 잘 반영한 시장 지수

가격 가중지수

모든 지수가 시가총액 기반으로 만들어지지 않는다. 대표적인 예로 기업의 사이즈를 배제하고 가격만을 기준으로 산출한 가격 가중지수

Price Weighted Index가 있다. 가격 가중지수는 오로지 가격만을 고려하기 때문에 시가총액 가중지수 대비 개별 종목의 비중 산출이 훨씬 단순해 보인다.

표 15-2 DUDE AI 가격 가중지수

구성 종목	가격(달러)	주식 수	시가총액(달러)	비중
엔비디아	80	625,000	50,000,000	22.86%
마이크로소프트	60	1,041,667	62,500,000	17.14%
애플	70	892,857	62,500,000	20.00%
구글	50	750,000	37,500,000	14.29%
메타	90	416,667	37,500,000	25.71%
전체 합산 가격	350		250,000,000	100%

가령 엔비디아의 경우 시가총액 가중지수에서는 20% 비중을 차지했다. 반면 가격 가중지수에서는 본연의 가격인 80을 전체 합산 가격인 350으로 나눠 22.86%가 된다. 이로 인해 가격 가중지수에서는 가격 자체가 제일 높은 종목이 가장 큰 비중을 차지한다. 시가총액 가중지수와 확연하게 다른 점이다.

대표적인 가격 가중지수로 미국의 다우존스Dow Jones 지수가 있다. 대부분의 지수가 현실을 반영하기 위해 시가총액 방식을 택한 반면, 다우존스 지수는 가격 가중지수 방식을 택한 이유는 무엇일까? 일견 보더라도 가격 가중지수는 아귀에 맞지 않는다. 가격은 단순 숫자일 뿐, 기업의 사이즈가 산업과 경제에 영향을 행사하기 때문이다.

우선 이렇게 된 배경에는 다우존스 지수가 1896년에 만들어졌기 때문이다. 당시에는 시가총액은커녕 지수와 주식이라는 개념 자체가 희박했던 시기였다. 그럼에도 다우존스라는 회사를 만든 언론인 찰스 다우와 통계학자 에드워드 존스는 당시 상장된 몇 안 되는 주식의 전체적인 추이를 볼 수 있는 하나의 지표를 만들길 원했다. 현시점에서 보면 구식이지만 당대에는 천재적인 발상이었던 다우존스 지수는 이렇게 탄생했다.

다만 다우존스가 택한 가격 가중지수 방식에는 한 가지 기술적인 문제점이 존재한다. 바로 기업의 액면분할, 인수합병 및 유상증자와 무상증자와 같은 기업 행위(Corporate Action, 이하 CA)를 자연스럽게 반영하지 못한다는 점이다.

CA의 대표적인 행위 중 하나로 액면분할이 있다. 가령 100달러에 거래되는 A 기업이 기존에 발행된 주식 수를 2배로 분할하면 주가는 50달러가 된다. 주식 수가 두 배 증가한 만큼 가격이 하락하지만, 전체적인 시가총액은 액면분할 전과 후로 동일하다. 하지만 가격 가중지수는 가격만을 고려하기에 이러한 액면분할을 정상적으로 반영하지 못한다. 즉 가격 가중지수는 액면분할과 주가 하락을 동일하게 인식한다는 문제점을 지닌다.

대표적인 예로 애플의 액면분할을 언급할 수 있다. 2020년 애플은 4 대 1로 액면분할을 단행했다. 당시 애플 주식은 500달러였는데, 액면분할로 인해 주가는 125달러로 변경됐다. 물론 전체적인 시가총액에는 전혀 이슈가 없다. 그만큼 주식 수가 늘어났기 때문이다. 문제는 가격 가중지수로 산출되는 다우존스 지수에서 애플의 영향력이 4분의 1로 축소된다는 점이다. 그러므로 다우존스 지수와 같은 가격 가중지수는 이런 오류를 막기 위해 인위적인 수정을 가한다.

결론적으로 가격 가중지수에 기반한 다우존스는 시가총액 가중지수에 기반한 S&P 500 대비 전체 시장의 움직임을 적절하게 반영하지 못한다. 실제로 이로 인해 다우존스는 구식이라는 비판이 많다. 심지어 주가가 매우 높은 주식들은 포함될 수 없다. 가격이 너무 높아 지수에 포함되는 순간 지수를 왜곡하기 때문이다.

그럼에도 불구하고 100년이 넘는 지수를 그대로 사용하는 이유는 다우존스의 상징성 때문이다. 찰스 다우가 다우존스 지수를 만들 때는 컴퓨터도 없이 손으로 계산했던 시대였다. 단 증시의 전체적인 추이를 보여주겠다는 발상만은 구식이라고 볼 수 없다. 그리고 산출 방식은 구식이나 현재 지수를 구성하는 기업은 애플, 골드만삭스와 같은 미국을 대표하는 기업들이다.

이로 인해 지수 산출 방식이 오래 됐다는 비판과 별개로 지수 자체의 움직임은 전체 시장을 대표하는 S&P 500 지수와 유사한 움직임을 보인다.

가격 가중지수는 계산은 단순하지만
이벤트 발생 시 인위적인 조정이 필요하다.

동일 가중지수

시가총액 가중지수와 가격 가중지수에 이어 마지막으로 소개하고 싶은 지수는 바로 동일 가중지수다. 동일 가중지수는 S&P 500을 대상으로 재구성된 지수다. S&P 500 Equal Weighted Index^{EWI}라고 불리며, 이는 S&P 500 및 니케이 225와 같은 실질적인 지수라기보다는 이론적인 개념에 가까운 대체 가중지수$^{Alternatively\ Weighting\ Index}$다. 실제 지수가 아닌 이론적인 지수임에도 동일 가중지수를 소개하는 이유는 증시의 쏠림 현상을 측정하기 위한 수단으로 S&P 500 지수와 S&P 500 EWI의 차이를 많이 활용하기 때문이다.

동일 가중지수는 개별 종목의 시가총액이 어떻든 지수를 구성하는 기업들의 비중을 모두 동일하게 구성한다. 가령 지수 안에 100개 기업이 존재하면 개별 기업에게 할당된 비중은 모두 균등하게 1%다. 시가총액 가중지수와 가격 가중지수 대비 더 극단적인 산출 방식이다.

표 15-3 DUDE AI 동일 가중지수

구성 종목	가격(달러)	주식 수	시가총액(달러)	비중
엔비디아	80	625,000	50,000,000	20%
마이크로소프트	60	1,041,667	62,500,000	20%
애플	70	892,857	62,500,000	20%
구글	50	750,000	37,500,000	20%
메타	90	416,667	37,500,000	20%
전체 합산 가격	350		250,000,000	100%

[표 15-3]의 테이블에서 볼 수 있듯이 DUDE AI 지수를 구성하는 종목들의 가격과 주식 수는 모두 의미를 잃는다. 지수에 총 5개 종목이 있으므로 개별 종목의 비중은 균등하게 모두 20%다.

동일 가중지수는 몇 가지 특징을 가지는데, 우선적으로 바로 주기적인 리밸런싱이다. 동일 가중지수가 이론적인 대체 가중지수인 이유는 기업의 비중을 동일하게 유지할 수 없기 때문이다. 주가는 매일매일 변동한다. 하루만 지나도 비중은 모두 틀어질 수밖에 없다. 즉 지수를 구성하는 기업들의 주가 움직임이 완벽하게 일치하지 않는 이상 동일 가중지수는 유지될 수 없다. 이런 이유에서 S&P 500 EWI를 구상한 스탠더드&푸어스Standard & Poor's는 분기별로 지수의 종목 구성을 리

그림 15-1 RSP vs VOO

	RSP	VOO
Name	Invesco S&P 500® Equal Weight ETF	Vanguard S&P 500 ETF
ETF Database Category	Large Cap Blend Equities	Large Cap Growth Equities
Index	S&P 500 Equal Weighted	S&P 500 Index
Index Description	View Index	View Index
Expense Ratio	0.20%	0.03%
Issuer	Invesco	Vanguard
Structure	ETF	ETF
Inception Date	2003-04-24	2010-09-07
AUM	$54.2B	$480B

출처: ETFDB

밸런싱한다. 모든 기업의 비중이 동일해야 하므로 기존에 고평가된 종목(초기 비중보다 높아진 종목)을 매도하고, 저평가된 종목(초기 비중보다 낮아진 종목)을 매수하는 거래를 주기적으로 반복해야 한다.

　주기적인 트레이딩이 동반되니 분기별 리밸런싱은 자연스럽게 비용 증가로 이어질 수밖에 없다. 실제로 동일 가중지수 기반의 S&P 500은 추종하는 Invesco S&P 500 EWI ETF^{RSP}의 보수는 시가총액 가중지수를 택한 가장 보편적인 Vanguard S&P 500 ETF^{VOO}보다 높다.

그림 15-2 VOO 구성 비중

출처: ETFDB

그림 15-3 RSP 구성 비중

Market Cap
Breakdown

Large ■87.96%　　　　Small ░0%　　Micro ■0%
Mid ■11.89%

출처: ETFDB

동일 가중지수의 두 번째 특징으로 중·소형주 비중이 상대적으로 크다는 점이다. 대형주 위주로 편성된 시가총액 가중지수와 달리 동일 가중지수는 모든 구성원의 비중이 동일하므로 대형주Large Cap보다는 중·소형주Mid-Small Cap의 구성이 돋보이게 된다. 한마디로 원래라면 대형주에 묻혔을 소형주들이 동일 가중지수에서는 스포트라이트를 받는 구조다. [그림 15-2]에서 볼 수 있듯이 일반적인 S&P 500 ETF 구성 종목은 98.46%가 대형주이며, 1.3%가 중·소형주로 구성된다.

하지만 S&P 500 동일 가중지수를 추종하는 ETF인 RSP의 구성을 보면 숫자가 사뭇 달라진다(그림 15-3). 1.3%에 불과했던 중·소형주들

표 15-4 S&P 500 시가총액 가중지수 vs S&P 500 동일 가중지수 섹터별 비중

순위	S&P 500 시가총액 가중지수	순위	S&P 500 동일 가중지수
1	IT(30.7%)	1	산업재(15.5%)
2	금융(14.1%)	2	금융(15.0%)
3	임의 소비재(11.4%)	3	IT(13.8%)
4	헬스케어(10.5%)	4	헬스케어(12.5%)
5	통신(9.9%)	5	임의 소비재(9.9%)
6	산업재(8.3%)	6	필수 소비재(7.3%)
7	필수 소비재(5.5%)	7	유틸리티(6.3%)
8	에너지(3.1%)	8	부동산(6.0%)
9	유틸리티(2.3%)	9	소재(5.5%)
10	부동산(2.1%)	10	에너지(4.4%)
11	소재(1.9%)	11	통신(3.8%)

출차: S&P Global

출차: S&P Global

의 비중이 11.89%로 증가했다. 모든 종목 비중을 개수에 따라 동일하게 배정함에 따라 중·소형주들의 비중이 커졌다.

마지막으로 동일 가중지수에서는 가치주 비중이 커진다. 2025년 1월 기준 시장의 중심은 AI 테마에 의한 IT 섹터였다. 성장주 위주로 구성된 IT 섹터는 S&P 500 시가총액 가중지수에서 압도적으로 높은 30.7%를 차지한다.

반면 동일 가중지수의 경우 섹터별 비중이 첨예하게 달라지며 가치주가 득세한다. 일단 가장 큰 비중을 차지하는 섹터는 IT가 아니라 산업재다. 시가총액 가중지수에서 8.3%에 불과했던 산업재 섹터는 동일 가중지수에서는 15.5%다. 기존 2.3%에 불과한 유틸리티 업종온 동일 가중지수에서 6.3%로 3배가량 상승한다. 반면 1위였던 IT의 비중은 기존 30.7%에서 13.8%로 급감한다. 동일 가중지수의 특성상 모

그림 15-4 RSP vs SPY 수익률 비교

	RSP	SPY
1 Week Return	1.17%	0.32%
2 Week Return	0.63%	1.97%
1 Month Return	-1.38%	2.73%
3 Month Return	-0.59%	4.62%
26 Week Return	5.90%	15.32%
YTD Return	5.37%	14.91%
1 Year Return	14.80%	26.08%

출처: ETFDB

든 종목에 동일한 가중치를 부여하므로 섹터의 쏠림 현상이 제한되기 때문이다. 동시에 분기별 리밸런싱을 단행하므로 특정 섹터에서 쏠림 현상이 발생하더라도 분기 단위로 리셋되며, 전체적인 섹터별 분포가 상대적으로 고르다. 시가총액 가중지수에서는 섹터 비중 1위와 11위 간의 갭이 최대 28.8%에 이르는 반면, 동일 가중지수에서는 11.7%로 상대적으로 제한적이다.

결론적으로 시가총액 가중지수와 동일 가중지수 수익률을 비교하면 지수의 쏠림 정도를 알 수 있다. 만약 수익률 차이가 미미하다면 이는 지수 내에 포함된 11개의 섹터가 모두 비슷한 수익률을 올리고 있음을 뜻한다. 차이가 발생한다면, 특정 섹터로 수익률이 쏠려 있기 때문이다.

예를 들어 S&P 500 시가총액 가중지수를 추종하는 SPY와 동일 가중지수를 추종하는 RSP의 수익률을 비교하면 [그림 15-4] 기준 현격한 차이가 발생함을 알 수 있다. SPY는 26.08%인 반면, RSP는 14.80%다. 대형주 및 테크 비중이 상대적으로 큰 SPY가 중·소형주 및 가치주 중심의 RSP를 압도했기 때문이다. 즉 쏠림 현상이 시장에 반영되어 있다고 해석 가능하다.

이 두 지수 간의 수익률 격차가 지속적으로 커지는 현상은 그리 바람직하지 않다. 증시가 전체적으로 좋다는 잘못된 환상을 심어주기 때문이다. 그리고 소수의 섹터가 전체 지수를 견인하는 현상은 그리 오래 지속되지 않기 때문이다. 쏠림 현상이 과해질 때마다 시장에서는 대형주에서 중·소형주로의 로테이션이 발생한다. 어떻게 보면 시장 자체가 RSP처럼 스스로를 리밸런싱하는 셈이다.

결국 동일한 시장이라도 이를 어떻게 분류하고 재구성하느냐(시가총액 가중지수 vs 가격 가중지수 vs 동일 가중지수)에 따라 다양한 투자 전략이 나올 수 있다.

동일 가중지수의 특징
(1) 주기적인 리밸런싱, (2) 중·소형주 위주 및 (3) 가치주 중심

CHAPTER

16

누가 지도를 만드는가

패시브 장막 뒤에 숨은 가장 위대한 액티브 투자자들

두사사들은 ETF라는 배에 승선하고 운용사는 목적지까지 운행한다. 지도가 존재하는 이상 ETF는 어디로든 항해가 가능하다. 창시자인 모스트가 예견했듯 ETF 유니버스는 무한한 확장 가능성을 지니고 있다. 한편 LP는 배에 이슈가 없는지 지속적으로 관리하며, 혹시라도 배에 구멍이 뚫리면 즉각 수리한다. 이제 마지막으로 지도가 남았다. 배의 방향성과 ETF의 확장성을 결정하는 지도, 즉 지수는 누가 만드는가?

지금부터 ETF의 세상 뒤에 자리 잡은 숨은 권력자인 지수 사업자 Index Provider에 대해 다룰 예정이다.

비즈니스 모델

앞서 설명했듯이 자산운용 업계에서 지수는 엄청난 의미를 지닌다. 수익률 평가의 기준이 되는 벤치마크로 활용되기 때문이다. 그러므로 지수를 만들고 이를 운용사들에게 대여해 주는 지수 사업자들은 어떻게 보면 자산운용 산업의 중심에 자리 잡고 있다고 해도 과언이 아니다. 이들은 대외적으로 드러나지 않으며 운용사와 증권사처럼 화려하지 않다. 스타 매니저와 성공적인 금융인과는 거리가 멀다. 단 가장 안정적이면서 심플하며, 동시에 극히 효율적인 비즈니스 모델을 보유하고 있다.

2023년 발표된 〈지수 사업자들: ETF 세상 뒤에 숨은 고래Index providers: Whales behind the scenes of ETFs〉 논문에서 설명한 지수 사업자들의 비즈니스 모델은 다음과 같다.

그림 16-1 지수 사업자 비즈니스 모델

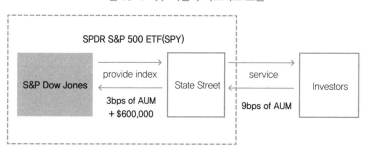

출처: Index Providers: Whales behind the scenes of ETFs

우선 투자자들은 스테이트 스트리트^{State Street}가 운용하는 SPY S&P 500 ETF에 투자하며 매년 9bps란 운용 보수를 지급한다. 1bp^{basis point}는 0.01%이므로 투자자들이 내는 운용 보수는 연간 0.09%다. 그리고 SPY ETF는 지수 사업자인 S&P Dow Jones에게 3bps라는 운용 보수와 60만 달러란 지수 사용료를 지급한다. 3bps는 0.03%에 불과하지만 ETF 운용사인 스테이트 스트리트 기준에서는 3분의 1에 달하는 매출을 공유하는 셈이다. SPY ETF의 운용 규모는 2024년 6월 기준 5,300억 달러다. 즉 스테이트 스트리트가 받는 연간 운용 보수는 0.09%에 해당하는 4억 7,700만 달러이며, 이 중 3분의 1인 1억 5,900만 달러를 지수 사업자에게 제공한다. 여기에 60만 달러를 더하면 최종 1억 5,960만 달러가 최종 지수 사용료로 확정된다.

운용사와 지수 사업자의 관계를 묘사하는 데 '재주는 곰이 부리고 돈은 다른 사람이 가져간다'라는 속담보다 적합한 표현을 찾기 힘들다. 펀드를 운용하고 투자자들을 모집하는 제반 역할은 운용사가 담당한다. 혹시라도 ETF에 문제가 있을 경우 모든 비난을 받는 주체도 운용사다. 지수 사업자는 이와 달리 한번 만들어진 지수를 대여하면 끝이다. 이들이 수취하는 라이선스 매출은 ETF 운용 자금에 비례하므로 운용사가 열심히 영업해 ETF 사이즈를 키우면 지수 사업자에게 이익의 상당 부분이 돌아가는 구조다.

물론 운용사가 직접 지수를 만들고 운용하면 되지 않느냐는 반론이 있을 수 있다. 가령 DUDE 운용사가 DUDE 지수를 만들고 해당 지수를 추종하는 DUDE ETF를 론칭하는 것이다. 실제로 시도된 케이스가 일부 존재한다. 하지만 대부분 ETF 운용사와 지수 사업자는 서로 분리되어 있다. 다시 강조하자면 지수는 성과 평가의 기준이 되는 벤치마크다. 그 벤치마크를 운용사가 직접 만든다면 마치 수험생이 문제를 풀고, 동시에 본인이 직접 채점하는 경우와 동일하다고 볼 수 있다. 이를 피하기 위해 운용사들은 대체로 외부에서 지수 라이선스를 받아 상품을 만들고 운용한다.

지수 사업자들이 정확히 얼마만큼 지수 사용료를 부과하는지는 명확하게 공개되어 있지 않다. 사업자마다 다르며 심지어 ETF별로 지수 라이선스 비용을 공개하는 정책이 상이하다. 다만 논문은 SEC의 EDGAR 시스템을 기반으로 라이선스 비용을 공개하는 52개 ETF에 대한 정보를 취합했다. 참고로 EDGAR는 우리나라 금융감독원의 전자공시 시스템과 동일하다. 52개는 미국에 상장된 전체 ETF 대비 극히 일부이긴 하지만, 이를 토대로 산출된 추이는 다음과 같다.

우선 2010년부터 2019년 사이 지수 사업들이 청구했던 라이선스 비용은 대부분 AUM에 비례하며 아주 소수만이 고정비용Fixed Fee이다. 그리고 라이선스 비용은 ETF 전체 운용보수의 30%가량을 차지한다. 즉 앞에서 언급한 SPY의 9bps 운용 보수와 3bps 지수 사용료는 업계 스탠더드로 해석된다. 물론 단순 평균과 중앙값 기반의 데이터는 사뭇 다르다. 하지만 지수 라이선스 비용이 ETF AUM에 비례하므로 단순 평균 및 중앙값보다는 AUM 기반으로 보는 것이 적합하다.

그림 16-2 라이선스 비용 분석

Table 7
Analysis of licensing fees

Year	총보수에서 지수 라이선스가 차지하는 비중			라이선스 수수료의 구성	
	AUM 가중 평균(%)	단순 평균(%)	중앙값(%)	AUM 기반 수수료(%)	고정 수수료(%)
	(1)	(2)	(3)	(4)	(5)
2010	31.4	23.2	19.3	97.3	2.7
2011	32.5	20.3	16.7	98.1	2.0
2012	32.6	19.7	16.7	97.9	2.1
2013	32.7	17.8	16.7	95.8	4.2
2014	33.9	21.6	19.3	91.7	8.3
2015	33.7	21.7	19.8	93.4	6.6
2016	34.4	20.8	17.8	94.9	5.1
2017	35.0	21.1	19.0	97.3	2.7
2018	35.7	21.3	18.5	98.3	1.7
2019	35.7	21.3	19.3	98.6	1.4

Table 7 presents the results of an analysis of index licensing fees. Columns (1) to (3) calculate the AUM-weighted average, the simple average, and the median licensing fees, respectively, as a fraction of ETF expense ratios. Columns (4) and (5) report the fractions of licensing fees related to ETF AUM and the fractions of fixed licensing fees, respectively.

출처: Index providers: Whales behind the scenes of ETFs

한 가지 흥미로운 사실은 지수 라이선스가 전체 운용 보수에서 차지하는 비중은 2010년도 이후 지속적으로 커졌다는 점이다. 논문에 따르면 라이선스 비용의 절댓값 자체가 커졌기 때문이 아니다. 뱅가드나 블랙록 같은 대형 운용사들의 ETF 운용 보수는 경쟁으로 인해 같은 기간 동안 계속 하락했다. 즉 지수 라이선스 비용은 비슷하게 유지된 상황에서 분모인 운용 보수가 감소했으니 자연스럽게 지수 라이선스 비중이 커지게 된 현상이다. 치열한 운용 보수 경쟁을 겪는 운용사 입장에서는 얄미울 수밖에 없다. 실제로 글로벌 운용사 중 하나인 아문디의 대표 이브 페리에Yves Perrier는 2019년 〈파이낸셜 타임스〉와의 인터뷰에서 지수 사용료에 대해 다음과 같이 언급했다.

"높은 지수 라이선스 비용은 심각한 문제다. 지수 사업자들은 과점 체제이며, 이들이 제공하는 가치는 청구하는 비용 대비 턱없이 부족하다."

불만의 가장 큰 이유는 누가 지수를 만들든지 결국 수익률에 큰 차이가 없기 때문이다. 지수 사업자들은 모두 각각의 방법론에 입각해 지수를 만들지만, 결론적으로 지수에서 개별 종목들이 차지하는 비중은 비슷하다. 결국 지수 사용료를 결정하는 가장 큰 요인은 실질적인 가치보다는 바로 해당 지수를 만든 사업자의 브랜드 파워다.

3대 지수 사업자들

글로벌 금융시장에는 3대 지수 사업자들이 있다. 바로 S&P 다우존스 S&P Dow Jones, FTSE 러셀FTSE Russell 그리고 MSCI다. 지수 사업자들의 사업 구조는 앞에서 설명했듯 굉장히 단출하다. 지수를 제공하고 AUM에 비례해 라이선스 비용을 받는다. 드물긴 하지만 AUM과 연동 없이 고정 가격으로 지수를 제공하기도 한다.

[그림 16-3]의 〈파이낸셜 타임스〉 차트에 따르면 2023년 기준 MSCI, FTSE 러셀 그리고 S&P 다우존스 3개 지수 사업자들은 전체 지수 사업 매출에서 70%를 차지한다. 명실상부 3대 지수 사업자들이 시

그림 16-3 지수 사업자들 매출 구성

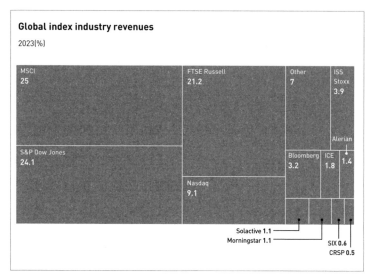

출처: 파이낸셜 타임스

장을 거의 독점하고 있는 상황이다.

지수 사업은 명품 비즈니스와 유사한 면이 있다. 샤넬 가방의 가격은 다른 브랜드의 가격 대비 압도적이다. 물론 퀄리티의 차이가 있을 수 있지만, 퀄리티 하나만으로 가격 차이를 모두 설명하지 못한다. 지수 또한 마찬가지다. 3대 지수 사업자들이 산출한 지수는 그 자체로 브랜드다. 미국 대형주 시장에 대한 지수는 어떤 지수 사업자가 만든다고 하더라도 거의 유사할 수밖에 없다. 하지만 투자자들은 브랜드 파워가 있는 지수를 선호한다. 이로 인해 3대 지수 사업자들이 압도적인 파이를 가져가는 구조다. 가령 독일계 지수 사업자인 솔랙티브Solactive는 AUM 기반의 지수 사용료 대신 고정비를 청구한다. 운용사 입장에서 당연히 솔랙티브 지수를 사용하는 게 유리하지만, [그림 16-3]에서 보듯 비중은 1.1%에 불과하다. 즉 명백하게 브랜드 파워로 움직이는 시장이다.

여기서 끝나지 않는다. 지수 사업자들은 기본적으로 라이선스 사업이므로 마진율이 굉장히 높다. 이들의 마진율은 정확히 어느 정도일까? S&P 다우존스와 FTSE 러셀은 각각 글로벌 신용평가사 S&P글로벌S&P Global과 런던 증권거래소 LSEG의 자회사다. 그렇기에 이들의 정확한 지수 사업 매출을 파악하기는 쉽지 않다. 다만 상장사인 MSCI의 경우 2023년 25억 달러의 매출을 올렸으며 영업 이익은 11억 달러다. 거의 44%에 달하는 영업이익률인데, 이 정도 수준이면 애플보다 높고, 50% 영업이익률을 자랑하는 엔비디아에 육박한다. S&P 다우존스와 FTSE 러셀의 수익 구조도 유사할 것으로 기대한다.

운용사들과 지수 사업자들의 공생은 굉장히 끈끈하다. 가령 2023년 기준 MSCI의 매출 10%가 블랙록 단일 기업으로부터 발생했다. 운용사 입장에서는 한번 지수를 벤치마크로 설정하면 웬만해서는 바꾸지 않는다. 어떻게 보면 구독형 SaaS(서비스형 소프트웨어) 모델과 같다. 높은 라이선스 비용에 록-인Lock-in 효과까지 지니고 있으니 지수 사업은 정말 매력적이다.

물론 예외도 존재한다. 뱅가드는 2012년 10월 지수 사업자를 변경하는 대대적인 공시를 했다. 기존 MSCI 지수 사용을 중단하고 FTSE 러셀과 CRSP^Center for Research in Security Prices로 사업자를 변경했다. 이유는 단순하다. FTSE 러셀과 CRSP의 지수 사용료가 MSCI보다 싸기 때문이다. 다만 이는 예외적인 사례이며, 앞에서 언급했듯 지수 사업은 명품 비즈니스와 같아 비용 하나로만 모든 것이 결정되지는 않는다. 그만큼 지수 사업이 유망함을 반증한다.

> 지수 사업은 명품과 유사해 가격 하나만으로 설명되지 않는다.

ETF 뒤에 숨은 액티브 투자자

운용사가 만드는 ETF는 지수를 기반으로 항해하는 배다. 선장 마음대로 경로를 변경하거나, 특정 섬을 지나칠 수 없는 패시브한 항해다. 최소한의 추적오차와 괴리율, 바로 선장의 의무다. 그런데 이 지도는 과연 얼마나 공정하고 객관적으로 만들어지는가? 만약 지수 사업자가 지수에 특정 종목을 넣고 뺄 수 있는 권한이 있다면 지수를 과연 패시브 투자의 기준으로 삼을 수 있는가? 그런 권한을 가진 존재는 아이러니하게도 가장 큰 액티브 투자자가 아닌가?

실제로 지수 사업자들에 대한 가장 큰 논쟁이 바로 이 부분이다.

S&P 500 지수를 만드는 S&P 다우존스 지수^S&P Dow Jones Indices는 2020

년 11월 16일 전기차 테슬라의 S&P 500 지수를 발표했다. 그리고 한 달여 후인 12월 21일 테슬라는 S&P 500 지수에 편입됐다. 하지만 테슬라는 지수 편입 이전부터 S&P 500 지수 상장 요건들을 모두 만족했다. 회사가 상장했을 시점, 테슬라는 이미 미국에서 여섯 번째로 큰 기업이었다.

S&P 500 지수는 일반적인 지수와 달리 투자심의위Investment Committee라고 불리는 조직에 의해 관리된다. 시가총액, 유동성, 회사의 기업 가치 등 명확한 룰을 기반으로 기계적으로 편입 여부가 결정되는 기타 지수들과는 다르다. S&P 500 지수의 투자심의위는 정량적인 요소들과 함께 정성적 요소들을 함께 고려한다. 이는 어떻게 보면 패시브 투자의 원칙에 상당히 위배되는 방식이다. S&P 500 지수를 추종하는 수많은 패시브 펀드와 ETF는 지수에 특정 기업이 편입되거나 퇴출되면 이를 반영해야 한다. 그런데 이 지수를 결정하는 존재는 정성적인 요소에 의해 지수를 관리한다고 하니 굉장히 아이러니일 수밖에 없다.

S&P 500 지수는 미국뿐만 아니라 전 세계 금융시장의 상징적인 존재다. 시장이 정상적인 상황에서 원활하게 작동한다면 시가총액, 유동성과 같은 몇 가지 핵심 룰을 기반으로 기계적인 지수 운영이 가능할 수 있다. 하지만 금융시장은 때때로 굉장히 비정상적으로 움직인다. 대표적인 사례가 금융위기다. 당시 근원지였던 리먼 브라더스가 파산하고 미국 재무부는 시장 패닉을 막기 위해 AIG라는 보험사를 인수했다. AIG는 당시 전 세계에서 가장 큰 보험회사였는데, 순식

간에 미 재무부가 90%의 지분을 소유한 대주주가 됐다. 그런데 S&P 500 지수의 편입 조건 중 하나로 시장에서 거래되는 유통 주식 비중이 50% 이상이 되어야 한다는 조항이 있다. 즉 AIG는 S&P 500 지수 편입 조건을 만족시키지 못하게 되었다. 기계적인 의사결정에 따르면 AIG는 지수에서 퇴출됐어야 했다. 하지만 S&P 500 지수를 운영하는 투자심의위는 AIG 편입을 유지했다. 이유는 단순하다.

금융위기가 한창이던 당시 AIG를 퇴출시키면 시장에 추가적인 패닉을 유발할 수 있다고 판단했기 때문이다. 애초에 미 재무부가 AIG를 인수했던 이유는 바로 시장의 패닉 확산을 막는 취지였다. 그런데 여기서 투자심의위가 AIG를 지수에서 퇴출시킨다면 인수의 목적을 무색하게 만들 수 있었다. 실제로 2012년 미 재무부는 AIG 지분을 시장에 다시 매각했으며 이후 50% 룰은 현재까지 잘 유지되고 있다.

그림 16-4 MSCI 선진국 지수

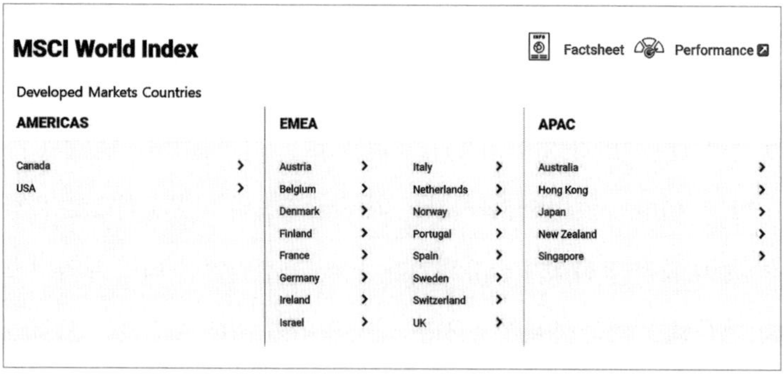

MSCI World Index   Factsheet   Performance

Developed Markets Countries

AMERICAS	EMEA		APAC
Canada ›	Austria ›	Italy ›	Australia ›
USA ›	Belgium ›	Netherlands ›	Hong Kong ›
	Denmark ›	Norway ›	Japan ›
	Finland ›	Portugal ›	New Zealand ›
	France ›	Spain ›	Singapore ›
	Germany ›	Sweden ›	
	Ireland ›	Switzerland ›	
	Israel ›	UK ›	

출처: MSCI

지수 사업자들의 정량적인 의사결정은 S&P 500 지수에만 국한되지 않는다. 우리나라와 연관된 대표적인 사례가 바로 MSCI다. MSCI가 만든 선진국 지수에 속한 국가 리스트는 [그림 16-4]와 같다. 북미에서는 미국과 캐나다, 유럽에서는 독일과 프랑스 등이 있으며, 마지막으로 아시아권에서는 호주, 홍콩 및 일본 등이 있다. 한국은 여기에 속하지 않는다.

이 MSCI 선진국 지수가 불편하게 다가온다면 이는 단순히 한국이 여기에 속하지 않아서가 아니다. 한국보다 경제 규모가 작은 나라들이 속해 있기 때문이다. 가령 스페인과 포르투갈 말이다. 반도체와 자동차 등 여러 측면에서 한국이 글로벌 경제에 미치는 영향력은 해당 지수에 속한 대부분의 국가보다 크면 크지 작지 않다. 그럼에도 한국은 여기에 없다.

더욱더 의구심을 자아내는 부분은 3대 지수 사업자 중 MSCI만 한국을 신흥국으로 분류한다는 점이다. FTSE는 한국을 선진국으로 분류하며 지수 기준으로 한국의 비중은 1.4%다. S&P 다우존스는 어떠한가? 마찬가지로 한국을 선진국 지수에 포함하며 비중은 1.6%로 유사하다.

어째서 MSCI만 한국을 신흥국으로 분류할까? MSCI가 지향하는 방향이 다른 지수 사업자들과 미묘하게 다르기 때문이다. FTSE와 S&P 다우존스는 보다 직관적이다. 경제 규모, 산업과 금융시장의 발전 정도를 본다. 반면 MSCI는 미묘하다. 국제 금융시장에서 막강한

그림 16-5 S&P 다우존스 선진국 지수

Country/Region Breakdown

COUNTRY/REGION	NUMBER OF CONSTITUENTS	TOTAL MARKET CAP [USD MILLION]	INDEX WEIGHT [%]
United States	3,014	55,587,458.28	69
Japan	1,718	6,235,315.38	6.9
United Kingdom	344	3,281,972.35	3.8
Canada	361	2,608,259.92	3
France	155	2,985,055.13	2.5
Switzerland	127	1,985,842.39	2.3
Germany	198	2,181,427.44	2
Australia	321	1,648,691.37	2
South Korea	857	1,820,922.57	1.6
Netherlands	60	1,120,601.06	1.2
Sweden	214	992,018.01	1
Denmark	52	843,183.29	0.9
Italy	120	890,005.49	0.8
Spain	70	759,526.35	0.7
Hong Kong SAR, China	122	643,424.19	0.5
Singapore	84	465,778.3	0.4

출처: S&P Dow Jones

영향력을 행사하는 MSCI는 가시적인 경제 규모 외에 글로벌 투자자들의 시장 접근성을 고려한다. 가령 포지션 헤지를 위한 공매도가 가능한지, 혹은 수월한 자본 유입 및 유출을 위해 환율 시장의 개방 정도를 살핀다. 이런 맥락에서 한국 시장은 미국 및 홍콩 시장 대비 접근성이 상대적으로 낮다고 평가받는다. 2024년 7월부터 외환시장이 새벽 2시까지 개방됐지만, 그전까지는 오전 9시부터 오후 3시 30분까지 운영되었다. 반면 국제 통화로 불리는 달러, 엔화 및 유로화는 24시간 거래된다.

여기서 핵심은 접근성의 중요성 따위가 아니다. 바로 지수 산출의 기준에 자의적 판단이 개입된다는 점이다. 그리고 자의적 판단이란 곧 액티브 투자다. S&P 다우존스는 어찌 보면 S&P 500 지수를 대상으로 액티브 투자를 하고 있는 셈이다. MSCI는 국가를 대상으로 액티브 투자를 한다고 볼 수 있다. 그러니 지수 사업자들의 동향에 대해 지속적으로 관심을 가져야 한다. 이들의 의사결정이 결국 ETF 수익률과 직결한다.

금융 산업에서 가장 큰 액티브 투자자는 정말 아이러니하게도
패시브 장막 뒤에 숨은 지수 사업자들일 수 있다.

CHAPTER 17

투명성

ETF 상품성을 완성하는 최후의 퍼즐

분산투자, 저비용, 장중 거래 그리고 비용 효과에 이어서 이번 장에서는 ETF가 보유한 마지막 상품성인 투명성에 대해 살펴볼 것이다.

펀드는 투자하는 자산의 유동성 정도에 따라서 다르게 분류된다. 일반적인 주식을 생각해 보자. 엔비디아나 애플과 같은 주식은 언제든지 사고팔 수 있다. 업비트와 같은 코인 거래소에서 거래되는 비트코인도 마찬가지다. 투자자는 오늘 엔비디아나 비트코인을 사거나 팔면서 이게 과연 시장에서 거래가 될지 의심하지 않는다. 이러한 자산들은 높은 환금성 혹은 유동성을 지녔다고 표현이 가능하다.

펀드를 운용하는 입장에서 높은 유동성은 굉장히 큰 이점이다. 펀드로 들어오는 설정과 해지 주문에 대응하기 쉽기 때문이다. 펀드로 돈이 설정되면 편입비를 유지하기 위해 금액만큼 자산을 매입해야 한다. 이 과정에서 매수하고자 하는 자산의 유동성이 낮으면 원하는 만큼의 자산을 쉽게 살 수 없다. 사더라도 그만큼 프리미엄을 지불하게 된다. 즉 펀드 수익률에 영향을 미친다.

하지만 낮은 유동성이 이슈가 되는 경우는 설정보다는 해지다. 고객이 돈을 회수하는 주문을 내면, 펀드는 이에 상응하는 규모만큼의 자산을 팔아야 한다. 이때 자산이 제때 팔리지 않는다면 어떻게 되는가? 약속한 시간 내에 고객에게 돈을 돌려주지 못하는 최악의 불상사가 발생한다. 설정은 수익률에 영향을 미칠 뿐이지만, 해지에 잘못 대응하면 소송으로 이어진다.

그렇기에 펀드는 큰 맥락에서 개방형open-end과 폐쇄형close-end으로 분류된다. 개방형 펀드는 설정 및 해지가 매일 발생한다. 반대로 폐쇄형은 설정과 해지가 고정된 시점에만 가능하다. 전자의 대표적인 예가 바로 주식형 펀드다. 대부분 국가의 상장 주식은 2영업일 이내로 결제된다. 가령 삼성전자 주식을 오늘 팔면, 돈은 2영업일 이후 들어온다. 즉 펀드로 환매 요청이 들어왔을 때 즉각적으로 자산을 팔아 환매금을 마련하는 데 전혀 지장이 없다. 이로 인해 투자하는 자산의 유동성이 큰 펀드는 보통 개방형으로 만들어진다.

반면에서 펀드에서 투자하는 자산이 부동산이면 어떨까? 부동산 펀드는 주식형 펀드처럼 불시에 들어오는 환매에 대응할 수 없다. 우선 주식이나 코인처럼 즉각적으로 팔 수 없다. 동시에 부분 환매도 안된다. 예를 들어 펀드에서 애플 주식을 100주 들고 있다면 1주, 5주 혹은 20주 등으로 부분 매도가 가능하다. 하지만 부동산 펀드에서 환매가 들어왔다고 건물의 일부, 가령 13층 건물의 1층 로비 혹은 지하층 일부만을 매각하기 어렵다. 부동산뿐만 아니라 인프라, 벤처캐피탈 및 사모펀드와 같은 비상장 자산은 공통적으로 유동성이 떨어진다. 그렇기에 비상장 자산에 투자하는 펀드는 대부분 폐쇄형으로 만들어진다.

　개방형과 폐쇄형 펀드를 놓고 비교하면 당연히 폐쇄형의 리스크가 크다. 왜냐하면 투자의 수익률도 중요하지만 환금성이 떨어지기 때문이다. 그러므로 펀드는 판매 시점에 명확하게 개방형인지, 폐쇄형인지가 고지된다.

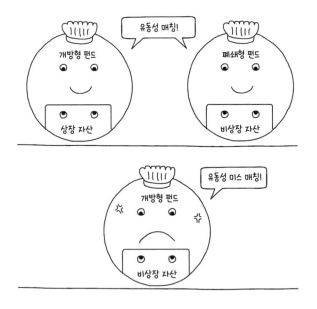

이를 좀 더 전문적으로 표현하면 유동성 매칭^{Liquidity Matching}이라고 한다. 즉 투자하는 자산의 유동성과 매개체가 되는 펀드의 유동성이 서로 일치해야 한다는 뜻이다. 가령 유동성이 떨어지는 비상장 자산과 폐쇄형 펀드는 서로 간의 유동성이 매칭된다. 유동성이 큰 상장 자산과 개방형 펀드 사이의 유동성 또한 매칭된다. 반면 비상장 자산과 개방형 펀드의 유동성은 매칭되지 않는다. 이 유동성 매칭은 매우 중요한 개념으로 PART 4의 채권형 ETF에서 보다 깊게 다룰 예정이다. 유동성 매칭은 어떻게 보면 너무나 당연한 개념처럼 보인다. 하지만 황당하게도 불상사는 종종 발생한다.

닐 우드포드

닐 우드포드는 글로벌 자산운용사인 인베스코 출신의 스타 펀드매니저다. 1980년대부터 투자 커리어를 시작했던 우드포드는 얼마 지나지 않아 유명세를 타기 시작했다. 그는 대중 정서에 반대로 베팅하는 역발상 전략의 대가였다. 그는 2000년 초 닷컴 버블 때 기술주를 포트폴리오에서 배제했고, 2008년 금융위기 직전에는 금융주를 중심으로 매도해 유명해졌다. 실제로 우드포드는 영국 펀드매니저들 중 최고의 퍼포먼스를 달성했다. 상당히 오랜 기간 동안 말이다.

FTSE ALL Share는 FTSE 러셀 지수 사업자가 산출하는 영국의 가

그림 17-1 우드포드 vs FTSE

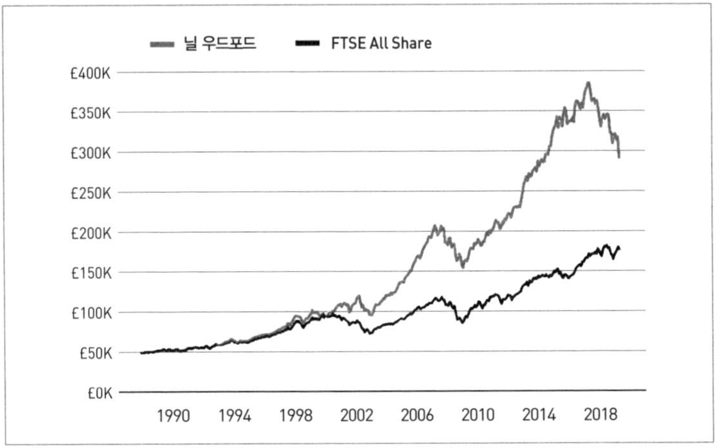

출처: BBC & Hargreaves Lansdown

장 대표적인 주가지수를 의미한다. 한국의 코스피, 미국의 S&P 500 지수와 유사하다. 그리고 전성기 기준으로 우드포드는 FTSE ALL Share 지수 대비 거의 3배에 달하는 성과를 냈다.

하지만 우드포드의 간판 펀드인 Woodford Equity Income Fund 는 2017년부터 실적 악화를 겪기 시작했다. 시작은 2016년도에 발생한 브렉시트였다. EU 탈퇴에 대한 부정적인 여론과 달리 우드포드는 이번에도 역발상 전략을 구사했다. 예상과 달리 브렉시트 협상은 지지부진했고, 글로벌 금융시장에서 영국의 입지는 하락하기 시작했다. 이로 인해 펀드의 성과는 부진해졌고 투자자들의 환매가 증가했다.

Woodford Equity Income Fund는 개방형 펀드로, 들어오는 환

매 요청을 막을 길이 없었다. 문제는 개방형으로 만든 펀드의 투자 포트폴리오 상당 부분이 쉽게 거래되지 않는 비상장 주식이나 소형주였다는 점이다. 환매가 들어올 때마다 펀드는 거래가 쉽게 되는 대형주를 우선적으로 팔아 대응할 수밖에 없었다. 하지만 환매도 적당히 들어와야 이런 방식이 통한다. 2017년 초 100억 파운드 규모의 펀드는 2019년 5월 37억 파운드로 쪼그라들었다. 결정적으로 2019년 5월 31일 펀드의 큰손이었던 켄트카운티 카운실Kent County Council 연기금은 2억 6,300만 파운드 규모의 해지 주문을 넣었다.

이는 펀드 사이즈의 7%에 해당하는 금액으로 환매에 대응할 수 있는 현금이 펀드에 존재하지 않았다. 우드포드는 최악의 결정을 내리게 되는데, 소수의 투자자로 구성된 사모펀드나 폐쇄형 펀드도 아닌 불특정 다수의 투자자가 들어 있는 개방형 펀드에서 환매 중단을 선언했다. 개방형 펀드에서 발생한 초유의 사태였다. 지수 사업자인 MSCI에 따르면 환매 중단을 내리기 6개월 전 시점부터 이미 펀드 사이즈 대비 80%가 비유동성 자산으로 이뤄졌다고 한다. 굳이 비유하면 S&P 500 ETF를 고객들에게 팔고 실제 운용은 브라질이나 동유럽 주식에 투자한 셈이다. 당시 영국 중앙은행 총재였던 마크 카니는 이에 대해 다음과 같이 표현했다.

"거짓말로 쌓아 올려진 모래성

Built on a Lie."

투명성, ETF 상품성의 마지막 퍼즐

우드포드 스캔들이 시사하는 바는 바로 투명성이다. 펀드에서 운용하는 포트폴리오가 투명하게 공개될 수 있다면 자금이 제대로 어떻게 투자되는지 확인 가능하다. 동시에 회수 가능성에 대해서도 마음이 놓이게 된다. 하지만 포트폴리오는 액티브 펀드에게는 그 자체로 지적재산권에 가깝다. 요리로 치면 극비의 레시피다. 그러므로 실시간 포트폴리오 공개는 거의 불가능에 가깝다. 가능하더라도 시차를 두고 이뤄진다.

단 유일한 예외가 있다면 바로 ETF다. 투명성이야말로 ETF가 지닌 최후이자 최강의 장점이다. ETF 포트폴리오는 납입자산구성내역 Portfolio Deposit File, PDF을 통해 대중에 공개된다. 사후적으로 포트폴리오 확인이 가능한 일반적인 펀드와 달리 ETF 포트폴리오는 증권사 HTS나 운용사 홈페이지에서 매일 확인 가능하다.

앞에서 언급했듯이 포트폴리오는 일종의 지적재산권으로 볼 수 있다. 그럼에도 이를 공개할 수 있는 이유는 대부분의 ETF 상품은 패시브 전략 위주이므로 포트폴리오 공개에 대한 부담이 없기 때문이다.

S&P 500 ETF를 예로 들면 해당 ETF의 포트폴리오는 해당 지수에 속한 종목들로 구성된다. 그렇기에 A 자산운용사가 운용하는 S&P 500 ETF나 B 자산운용사가 운용하는 S&P 500 ETF의 보유한 자산 내역은 대동소이하다. 물론 괴리율과 추적오차를 최소화하는 운용사

와 LP의 역량이 차별화 포인트다. 더불어 AUM이 큰 ETF는 크기에 걸맞게 유동성 또한 풍부할 가능성이 크다. 이는 상장된 지 얼마 되지 않아 AUM이 작은 신생 ETF 대비 분명한 이점으로 작용한다. 하지만 근간이 되는 포트폴리오는 유사할 수밖에 없다. 같은 지수를 벤치마크로 추종하는 이상 본질적으로 모두 같은 상품이다.

투명성은 ETF의 상품성을 완성하는 최후의 퍼즐

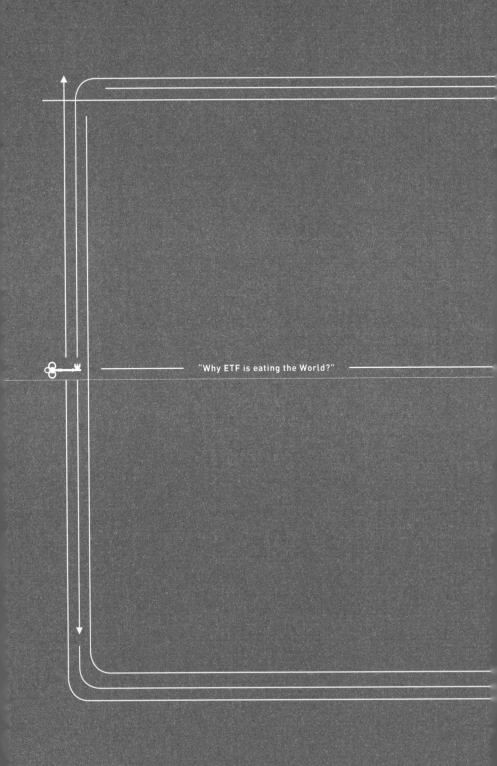

"Why ETF is eating the World?"

PART
4

ETF 유니버스는
무한히 확장한다

투자를 위한 기본 개념을 배웠고, 선구자들의 철학과 ETF의 작동 메커니즘을 이해했다. 기본기, 철학 그리고 원리를 바탕으로 이번 파트에서는 응용을 다룰 예정이다. 지금까지 다룬 ETF는 기본적으로 주식형 ETF다. S&P 500과 나스닥 같은 대표 지수들을 추종하는 상품들로 구조가 상대적으로 심플하다. 하지만 모든 ETF가 이렇지는 않다.

창시자인 네이트 모스트가 예견했듯 ETF는 주식을 시작으로 채권, 원자재, 파생 그리고 이제는 비트코인과 같은 디지털 자산까지 범위를 확장하고 있다. 특히 채권은 주식과 함께 자산 배분의 가장 핵심적인 자산이다. 그러므로 주식형 ETF만 커버하고 끝내기에는 많이 아쉽다. ETF 전체 유니버스를 이해하기 위해서는 좀 더 나아가야 한다.

ETF의 핵심 철학인 분산투자는 단순 주식에서 끝나지 않는다. 4% 룰을 피하기 위해 인덱스 펀드와 ETF를 통해 전체 시장을 매수하는 전략은 옳다. 하지만 어디까지나 주식이란 자산을 벗어나지 못한다. 그러므로 ETF가 논하는 분산투자란 자산 배분까지 확장되는 개념이다. 주식, 채권 그리고 원자재 ETF 등을 하나의 레고 블록으로 비유해 보자. 이번 파트를 이해하면 개별 레고 블록에 대한 이해를 바탕으로 보다 완성도 높은 자산 배분 포트폴리오를 구성할 수 있다.

채권형 ETF ① 채권이란

포트폴리오의 쿠션

앞에서는 ETF의 구조에 대해서 다뤘다. 괴리율, 추적오차, 지수 등 모두 ETF의 근간을 이루는 내용들이다. 지금부터는 ETF 구조에 대한 이해를 기반으로 보편적인 주식형 ETF를 넘어 ETF 상품 라인업이 전체적으로 어떻게 구성되는지 다루고자 한다. ETF의 창시자인 네이트 모스트가 예견하였듯 ETF는 포장지로써 무한대의 확장 가능성을 보유하고 있다. 상품 라인업의 첫 번째는 바로 채권형 ETF다. ETF는 채권이란 자산을 포함하며 새로운 가능성을 입증했다.

채권이란

채권이란 기업이나 정부 등이 발행한 차용증서다. 채권을 발행하고 돈을 빌린 채무자는 만기에 돈을 상환해야 하며, 주기적으로 이자를 지급해야 한다. 그래서 채권의 특징을 두 가지로 표현하면 1) 만기 상환 의무와 2) 고정된 이자 지급이다. 이로 인해 채권은 상환 의무가 없고, 기업의 이윤을 향유하는 주식과 대칭점에 서 있다.

기업의 이윤을 향유하되 상환 의무가 없다는 점에서 주식투자는 해당 기업의 운명과 함께한다고 볼 수 있다. 기업이 무한히 잘되면 주가도 무한히 오를 수 있다. 하지만 안 될 경우 주식은 종이 쪼가리에 불과하다.

반대로 채권은 기업에 사활을 걸지 않으며, 이윤을 공유하지 않는다. 기업이 잘돼도 투자자가 받는 이윤은 고정된 이자에 불과하다. 단기업이 망하더라도 기업은 보유한 건물이나 공장을 팔아서 반드시 채무를 상환해야 할 의무가 있다.

그렇다면 채권과 주식 중 어느 자산이 더 위험자산Risk Asset일까? 당연히 주식이다. 그리고 주식의 대칭점에 서 있는 채권은 위험자산의 반대급부인 안전자산Risk Free Asset이라고 부른다.

단 모든 채권이 안전자산인 것은 아니다. 왜냐하면 채권의 안전성은 결국 그 채권을 발행한 주체의 신용등급에 비례하기 때문이다. 정부가 발행한 채권은 국채라고 하며, 가장 안전한 자산으로 여겨진다.

반대로 신용 등급이 낮은 기업이 발행한 채권도 있다. 이를 대개 정크 본드Junk Bond 혹은 하이일드 채권High Yield Bond이라고 부르는데, 이러한 채권들은 안전자산이 아닌 위험자산으로 분류된다.

채권 구조

어떤 메커니즘에 의해 채권 금리가 결정되는지 구체적으로 알아보자. 금리 메커니즘을 이해해야 하는 이유는 높은 금리에는 그에 상응하는 리스크가 동반되기 때문이다. 금리가 어떻게 결정되는지를 알면 고금리 상품을 마냥 좋아할 수만은 없게 된다. 고금리 상품이 나쁘다가 아니라 충분한 사전 조사가 필요함을 뜻한다.

채권은 부채를 의미하므로 돈을 빌리는 주체의 신용등급이 일차적으로 중요하다. 멀리 갈 필요도 없이 주위만 둘러봐도 신용이 있는 친구가 있고 없는 친구가 있다. 신용이 있는 친구가 돈을 빌려 달라고 하면 흔쾌히 빌려줄 수 있으나, 그렇지 않은 친구가 빌려 달라고 하면 조금 꺼려진다. 갚긴 갚을 것 같은데 왠지 과정이 좀 다사다난할 것 같은 느낌이 든다.

금융시장도 마찬가지다. 단 차이가 있다면 금융시장에서는 친구에게 돈을 빌려주는 게 아니기 때문에 이자를 주고받는다. 한마디로 이자란 돈을 빌리고 빌려주는 대가이다. 그리고 신용등급이 좋은 기관

(정부 혹은 우량 기업)은 낮은 이자로 돈을 빌릴 수 있다. 왜냐하면 신용등급이 높기 때문에 채권자 입장에서는 돈을 잃을 리스크가 작다고 판단하기 때문이다. 반대로 신용 등급이 낮은 기관은 높은 이자로 돈을 빌리게 된다. 채권자 입장에서는 채무자의 파산 같은 케이스를 대비해 리스크를 높게 측정하기 때문이다. 즉 큰 리스크에 대한 보상이다.

그러므로 금리를 공식화하면 1) 무위험 금리Risk Free Rate에 2) 개별 신용 위험도를 더한 값으로 표현 가능하다. 여기서 무위험 금리란 디폴트 리스크가 가장 작은 정부 등이 발행한 금리다. 신용도가 가장 우량한 정부가 발행한 금리이기에 이는 금융시장에서 거래되는 모든 금리의 기준점이 될 수 있다.

여기에 추가적으로 만기가 고려된다. 만기는 돈을 빌리는 기간을 의미하는데, 이를 고려하는 이유는 동일 신용등급을 가진 주체라도 그 기간에 따라 리스크가 커지기 때문이다. 동시에 채권자 입장에서는 해당 기간만큼 돈이 묶이는 셈으로 기회비용이 커진다.

마지막으로 만기가 길어질수록 화폐의 적인 인플레이션 리스크가 등장할 확률이 높아진다. 인플레이션은 돈의 가치가 하락하는 현상(간단하게 표현하면 물가가 상승한다)으로 수익률을 깎아 먹는다. 예를 들어 명목 금리가 2%라고 했을 때 인플레이션이 1%이면 채권자의 실제 이익은 1%가 된다. 물론 반대로 디플레이션이 발생할 수도 있다. 이 경우 명목 금리가 2%일 때 물가 상승률이 마이너스 1%라면 채권자의 실제 수익률은 3%가 된다. 핵심은 시간이 길어질수록 다양한 경기 사이클에 따른 인플레이션이나 디플레이션 리스크가 발생한다는 점이다.

결국 채권 금리는 1) 국채 금리를 기준으로, 2) 발행 주체의 신용 리스크와 3) 돈을 빌리는 기간이나 만기 등이 고려된 최종값이다.

채권 금리 = 무위험 금리(국채 금리) + 신용 리스크 + 만기 리스크

채권과 금리의 관계

주식은 손익 계산이 직관적이다. 예를 들어 테슬라 주식을 100달러에 샀는데 다음 날 200달러가 된다면 수익률은 100%다. 하지만 채권은 조금 다르다.

채권은 고정된 이자로 돈을 빌린 채무증서다. 직관적인 설명을 위해 회사채나 정크본드가 아닌 신용 리스크가 가장 낮은 국채에 투자했다고 가정하자.

기준 금리가 5%인 나라의 정부가 6%의 금리로 10년물 채권을 발행했다. 여기서 1% 차이는 10년 만기에 대한 보상이 반영된 값이다. 이는 고정된 금리로 만기까지 지급해야 하는 약속이다. 그런데 며칠 후에 중앙은행이 금리를 4%로 인하했다. 이 경우 정부가 발행한 6% 금리의 채권 가치는 오른다. 왜냐하면 기준 금리가 4%인 시점에 채권 투

자자들은 5%의 금리를 수취해야 하는데, 6%의 금리를 얻고 있기 때문이다. 즉 5% 금리를 주는 채권이 돌아다니는 상황에서 6% 이자를 지급하는 채권 가치는 상승할 수밖에 없다.

반대로 중앙은행이 금리를 6%로 인상할 경우 채권 가치는 하락한다. 왜냐하면 채권 투자자들이 며칠만 참았다면 7%의 금리를 수취할 수 있었을 텐데 6%의 금리를 얻고 있기 때문이다. 즉 7% 금리의 채권이 돌아다니는 상황에서는 6% 이자를 지급하는 채권의 가치는 하락하게 된다. 즉 채권 가치는 중앙은행이 결정하는 기준 금리와 밀접한 관계를 맺는다. 이로 인해 채권 투자의 핵심은 금리의 향방을 예측하는 데 있다. 물론 채권형 ETF도 마찬가지다.

인플레이션, 만악의 근원

금이나 채권 같은 안전자산은 시장 심리가 악화할 때 오르고, 반대로 주식과 같은 위험자산은 시장 심리가 좋을 때 상승함이 일반적인 통념이다. 위험자산과 안전자산의 정의를 상기하면 이는 일반적으로 맞는 말이다. 단 금융시장에서는 종종 특이점이 나타나 주식과 채권이 같이 가기도 한다.

우선 불확실성이 커지는 구간이나 경기가 불황일 때 채권 투자가 이익을 내는 이유는 무엇일까? 우선 채권 가치가 올라가기 위해서는 금리가 내려가야 한다. 그리고 중앙은행이 금리를 내리는 이유는 경제가 불황이거나 금융위기 혹은 2020년도 코로나바이러스와 같은 초유의 불확실성이 대두되는 상황에서 경기를 부양시키기 위함이다. 금리를 내려 민간의 자본 조달 비용을 낮추고 투자와 소비를 촉진함이 주된 목적이다.

이로 인해 금리 인하는 채권 가격을 상승시키는 효과를 낳는다. 이 과정에서 주식은 오를 수도 있고 떨어질 수도 있다. 경기 침체에 시장이 집중하면 주식은 하락할 가능성이 크다. 반대로 중앙은행이 금리 인하에 집중한다면 주식은 되려 상승한다. 이 경우 경기 불황 상황에서도 채권과 주식은 함께 움직인다.

금리를 낮추고 소비와 투자를 촉진해 경기를 부양시킨 이후에는 무엇이 기다리고 있을까? 바로 물가 상승이다. 물가 안정과 고용이라는 핵심 미션을 지닌 중앙은행에게 인플레이션은 사회 근간을 흔드는 만악의 근원이다. 그러므로 물가 상승이 고조되는 구간에 중앙은행은 금리를 인상한다. 대표적인 예가 2022년도부터 시작됐던 미국 연준의 금리 인상 사이클이다. 2022년 3월 17일부터 시작됐던 금리 인상 사이클은 2023년 7월 6일에 종료됐는데, 해당 기간 동안 기준 금리는 0.25%에서 5.5%로 상승했다.

그림 18-1 금리 추이

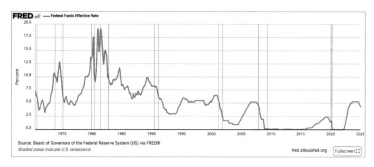

출처: Federal Reserve Bank

2022~2023년은 1980년대 인플레이션을 잡기 위해 연준이 금리를 20% 수준까지 수직 상승시켰던 이후 최악의 해였다. 오죽했으면 블룸버그와 같은 외신은 이를 채권 대학살Bond Massacre이라고 표현했다. 주식 및 기업은 인플레이션으로 인한 인건비와 원자재 상승 부담을 소비자들에게 전가할 수 있다. 반면 일반적인 채권은 명확한 숫자를 기반으로 한 약속이므로 인플레이션에 저항할 수 있는 방법이 거의 없다.

각자가 상이한 채권

채권은 고정적인 이자를 제공하는 안전자산으로 불확실한 시기에 투자자들의 포트폴리오를 보호해 주는 이점을 지니고 있다. 그렇기에 채권은 주식과 함께 모든 투자 포트폴리오의 근간이 된다. 대표적인 예가 바로 60/40인데, 이는 주식 비중을 60%, 채권 비중을 40%로 가져가는 전략이다. 주식은 지속적으로 우상향하는 경향이 있고, 채권은 대체적으로 주식과 음의 상관관계를 지닌다. 실제로 연준이 2022년 금리를 올리기 전까지 60/40은 단순하면서도 가장 효과적인 포트폴리오였다.

그림 18-2 60/40 성과

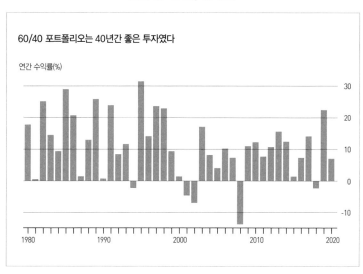

출처: 파이낸셜 타임스

〈파이낸셜 타임스〉에 따르면 1980년 이후 60/40 포트폴리오의 연평균 수익률은 10.2%였다. 그리고 [그림 18-2]에서 볼 수 있듯이 대체로 모든 해에서 플러스 수익률을 달성했다. 예외적인 구간은 2000년대 초반의 닷컴 버블 그리고 2008년도의 금융위기였다. 하지만 포트폴리오의 40%를 차지하는 채권 덕분에 마이너스 수익률은 상당히 제한적이다. 닷컴 당시 60/40 수익률은 마이너스 6% 정도였고, 금융위기 때는 마이너스 14% 수준이었다. 당시 패닉을 상기하면 이 정도는 양호하다고 볼 수 있다.

이러한 장점에도 불구하고 채권에는 한 가지 단점이 있다. 주식과는 달리 채권은 쉽게 거래할 수 없다. 예를 들어 삼성전자 주식을 사고 싶다면 누구든지 증권사 앱을 통해 매수가 가능하다. 국내 주식이 아니라 해외 주식도 마찬가지다. 기본적으로 거래소에 상장된 주식은 장내 거래이므로 거래가 쉽기 때문이다. 반면 채권은 주로 장외에서 거래된다. 국내 채권도 접근성에 허들이 있는데, 해외 채권이면 더 말할 것도 없다.

채권 투자에는 추가적인 허들이 존재한다. 주식과 달리 모든 채권이 서로 다르다는 점이다. 가령 애플 주식을 예로 들면 시장에서 거래되는 주식은 대체로 동일하다. 물론 차이점이 존재하긴 한다. 보통주나 우선주에 따라 배당이 다를 수 있고, 의결권에 차이가 있을 수 있다. 대표적인 예가 메타(이전 페이스북)인데, 투자자들이 보유한 Class A 지분과 달리 창업자 저커버그가 소유한 Class B 지분은 의결권이 10배 높다. 즉 Class B 1주를 소유한 입장에서 Class A 10주를 보유한 주주와 동일한 의결권을 행사할 수 있다는 의미다. 하지만 근간이 되는 주가 수익률은 동일하다.

채권은 동일한 회사가 발행하더라도 종류가 모두 상이하다. 우선 발행하는 만기가 다르다. 5년물, 10년물 등 다양하게 채권 만기를 가져간다. 물론 만기는 발행 금리에 영향을 미친다. 여기에 더해 발행 시점 또한 관건이다. 채권 금리는 정부가 발행하는 국채 금리를 기반으로 신용 리스크 등이 더해지는 구조이기 때문이다. 그러므로 동일한 기업이 발행한 채권일지라도 2020년도 저금리 시절에 발행했던 채권과 2024년 금리 인상 사이클 정점에 위치했을 때 발행한 채권은 다를 수밖에 없다. 즉 애플이 발행한 주식은 대동소이하지만 애플이 발행한 채권은 모두 다르다.

최근에는 국내 증권사들을 중심으로 채권 직접 거래 서비스가 오픈되었다. 이것은 가장 최근에 나타난 움직임이며, 기본적으로 채권 직접 투자는 개인이 선택할 수 있는 옵션이 아니었다.

그런데 채권형 ETF가 등장하면서 판도가 달라졌다.

채권형 ETF ②
채권 지수와 유동성의 마법

채권의 한계를 극복하다

채권 ETF의 대표적인 지수들

지수는 특정 기준점을 기반으로 시장을 쪼개고 재구성한 결과물이다. 주식의 경우 대체로 시가총액이나 섹터 기반으로 지수가 만들어진다. 다만 채권은 조금 다르다. 채권 투자에 중요한 사항은 기업의 시가총액과 섹터라기보다는 채권 이자율과 발행한 기업의 신용 등급이다. 채권은 큰 수익률을 기대하고 투자하는 자산이 아니다. 제한된 리스크로 고정된 이자를 얻는 목적이 지배적이다. 그러므로 채권을 발행한 기업이 반도체이든, AI든, 신재생 에너지이든 산업의 성장성 자체는 크게 중요하지 않다. 만기 때 원금을 제대로 돌려줄 수 있는지 여부가 더 중요하다. 그러므로 채권 지수는 주식과 달리 신용등급과 만기 등을 기반으로 분류된다. 주식과 마찬가지로 채권 ETF 투자 성과는 채권 지수에 대한 이해에 달려 있다.

글로벌 기업들의 신용등급은 S&P 글로벌S&P Global, 무디스Moody's 그리고 피치Fitch라는 3대 신용평가 회사들이 매긴다. 참고로 S&P 글로벌은 3대 지수 사업자 중 하나인 S&P 다우존스 지수의 모회사다. [그림 19-1]은 3대 신용평가 회사들이 분류하는 신용평가 구성도다. 가장 신용이 좋은 AAA부터 D까지 있는데 실제로 투자적격Investment Grade이라고 평가되는 단계는 BBB까지다. 그 밑으로는 투자가 아닌 투기로 간주한다. 이들은 정크본드 혹은 하이일드 채권으로 불리며 원금 손실 리스크가 상대적으로 크다.

그림 19-1 신용등급

Credit Risk	Moody's	Standard & Poor's	Fitch
Investment Grade			
Highest quality	Aaa	AAA	AAA
High quality	Aa	AA	AA
Upper medium grade	A	A	A
Medium grade	Baa	BBB	BBB
Below Investment Grade			
Lower medium grade	Ba	BB	BB
Low grade (speculative)	B	B	B
Poor quality (may default)	Caa	CCC	CCC
Most speculative	Ca	CC	CC
No interest being paid or bankruptcy petition filed	C	C	C
In default	C	D	D

Source: Moody's, Standard & Poor's, Fitch

출처: PIMCO

글로벌 채권시장을 대표하는 주요 채권 지수들은 신용 등급과 만기를 기준으로 만들어진다. 흥미롭게도 일반적으로 지수 시장을 주도하는 S&P 다우존스 지수, FTSE 러셀, MSCI 외에 블룸버그Bloomberg와 바클레이즈 같은 새로운 플레이어들이 핵심적인 역할을 한다.

Chapter 3에서 살펴본 것처럼 대부분의 지수는 1) 지수 사업자, 2) 대상, 3) 분류 방법론이라는 세 가지 요소로 구성된다. 그리고 지수명에는 주로 지수 사업자와 대상이 반영된다. 예를 들어, S&P 500 시가총액 가중지수라고 부르지 않고 단순히 S&P 500 지수라고 하는 것처럼 말이다. 해당 원칙은 주식형 지수뿐만 아니라 채권형이나 기타 지수에도 동일하게 적용된다. 이제 다음 채권형 지수들을 살펴보며, 각지수가 어떻게 구성되고 해석될 수 있는지 알아보자.

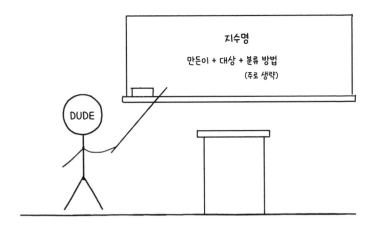

1. [Bloomberg Barclays] Global Aggregate Bond Index
2. [Bloomberg Barclays] US Aggregate Bond Index
3. [Bloomberg Barclays] US Corporate Bond Index
4. [Bloomberg Barclays] US Corporate High Yield Bond Index
5. [Bloomberg Barclays] Emerging Markets USD Aggregate
   Bond Index
6. [Bloomberg Barclays] Emerging Markets Local Currency
   Government Index

각 지수에서 맨 앞에 나열된 블룸버그와 바클레이즈는 해당 지수들을 만든 지수 사업자들이다. 이들은 S&P 다우존스 및 MSCI와 같은 전문 지수 사업자는 아니다. 블룸버그는 금융시장의 다양한 정보를 제공하는 인텔리전스 플랫폼이며, 바클레이즈는 글로벌 금융 회사다. 우리에게 익숙한 ETF의 창시자인 네이트 모스트가 한때 몸담았으며, 동시에 iShares ETF 사업 부문을 블랙록에게 매각한 회사이기도 하다. 이들은 본업을 기반으로 채권형 지수들을 공동 제작해 지수 사업자들과 마찬가지로 라이선스 수수료를 수취한다. 보통 지수들은 단일 사업자가 만드는 데, 반면 해당 채권 지수들은 복수의 지수 사업자들이 만든다는 점이 특이 사항으로 꼽을 만하다.

그 뒤로 등장하는 단어들은 길고 복잡해 보이지만, 자세히 보면 의미가 굉장히 직관적이다. 결론적으로 지수가 ETF의 투자 방향성을 결정하므로 지수만 잘 보더라도 ETF가 어떤 상품이고, 어디에 투자하는지 바로 이해할 수 있다.

1. Global Aggregate Bond Index: 가장 글로벌한 채권 지수로 주요 국가들의 국채와 회사채 등을 모두 포괄. 단 하이일드와 같은 투기 등급 채권 등은 포함하지 않음

2. US Aggregate Bond Index: Global Aggregate Bond Index와 유사하나 대상 국가를 미국으로 한정

3. US Corporate Bond Index: 미국 기업들이 발행한 회사채로 구성된 채권 지수

4. US Corporate High Yield Bond Index: 신용 등급 BBB 이하의 투기 등급인 하이일드 채권들로 구성된 지수

5. Emerging Markets USD Aggregate Bond Index: 신흥국의 국채와 회사채를 포함하되 기축통화인 달러로 발행된다는 점이 특징. 예를 들어 브라질에서 발행된 채권이지만 현지 통화인 헤알화가 아닌 달러로 발행되는 구조. 기축통화인 달러로 조달되기 때문에 신흥국 채권이지만 환율 변동성 리스크가 제한되는 효과를 가져옴

6. Emerging Markets Local Currency Government Index: 자국 통화로 발행된 신흥국 국채들을 포괄하는 지수. 해당 채권들은 회사채가 아닌 국채로 구성돼 신용 등급이 보다 높을 수 있으나 현지 통화로 발행돼 높은 환율 리스크를 동반함

이 지수들은 대체로 신용등급(국채, 회사채, 정크본드)으로 나뉘지만 신용등급과 만기 등이 모두 명시된 지수들도 있다.

1. Bloomberg Barclays US 1-5Y Government/Credit Index :
   1-5년 만기 미국 국채와 회사채를 추종
2. Bloomberg Barclays US 5-10Y Government/Credit Index :
   5-10년 만기 미국 국채와 회사채를 추종
3. Bloomberg Barclays US Long Government/Credit Index :
   장기(10년 이상) 미국 국채와 회사채를 추종

그러므로 채권 ETF 투자자는 투자의 목적을 명확히 해야 할 필요가 있다. 채권은 분명 전통적인 안전자산이다. 단, 이는 선진국 국채나 우량 기업들이 발행한 채권에 한정된 얘기다. 같은 국채라도 선진국이 아닌 신흥국 정부가 발행한 채권은 결코 안전자산이 아니다. 같은 회사채라도 신용등급이 낮은 기업이 발행한 채권은 정크본드다. 하이일드 ETF에 투자하면서 경기 불확실성이 커졌을 때 자산 가치가 오르기를 기대해서는 안 된다.

채권 지수는 신용등급과 만기로 구성된다.

유동성의 마법

채권 ETF는 주식 ETF와 마찬가지로 분산투자라는 장점이 있다. 가령 Bloomberg Barclays US Aggregate Index에 들어가는 채권들은 1만 3,000개를 상회한다. 투자자 입장에서는 단일 ETF를 통해 해당 지수에 포함된 채권들 전부에 투자하는 효과를 얻을 수 있다. 이로 인해 개별 채권의 디폴트 리스크는 최소화된다.

ETF를 만들어 내는 운용사조차도 만 단위가 넘어가는 채권들을 모두 매수하기 쉽지 않다. 특히 채권의 경우 애로 사항은 더 심하다. 왜냐하면 주식형 ETF는 상장된 주식을 매수하는 반면, 채권은 국채가 아닌 이상 주로 장외에서 거래되기 때문이다. US Aggregate 지수를 추종하는 뱅가드의 Total Bond Market ETF^{BND}는 1만 1,220개의 채권을 담는다. 즉 부분 복제를 통해 포트폴리오를 구성했다.

장외 거래는 흔히 Over-the-Counter^{OTC}라고 표현하며, OTC의 대표적인 예가 바로 부동산이다. 매매나 전세 여부를 떠나서 부동산 거래는 매수자와 매도자 사이의 가격 협상을 통해 이뤄진다. 5억 원 전세를 4억 8,000만 원으로 깎을 수도 있다. 반대로 12억 원의 집을 11억 8,000만 원에 살 수도 있다. 가격 협상이 안 되면 집주인에게 집수리를 요구할 수 있다. 즉 5억 원이나 12억 원이란 기준 가격이 있긴 하지만 단일화되어 있지 않다. 5억 원을 액면 그대로 거래하거나 깎을 수도 있고, 5억 원을 그대로 받되 수리를 조건으로 넣을 수 있다.

채권도 마찬가지다. 동일 조건의 채권이라도 브로커마다 실제 거래되는 가격은 조금씩 다를 수 있다. 거래하는 규모에 따라 협상력도 달라진다. 대규모 주문을 넣는 입장에서는 당연히 디스카운트를 요구할 수 있다. OTC 장외 거래가 지닌 기본적인 특성들이다.

지수 추종, 저비용, 장중 거래, 비용 효과, 확장성 그리고 투명성이란 장점은 채권형 ETF와 주식형 ETF 모두에게 공통적으로 적용된다. 하지만 채권형 ETF와 주식형 ETF는 서로 다른 점이 하나 있다. 주식형 ETF는 거래소에 상장되어 주식처럼 활발하게 거래된다. 그리고 주식형 ETF가 보유하는 주식 또한 마찬가지로 거래소에서 원활하게 거

그림 19-2 OTC 채권시장 vs 거래소

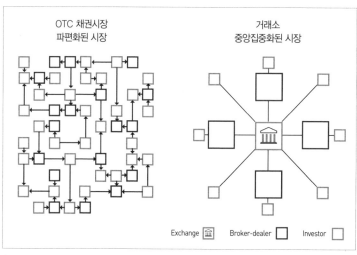

출처: Blackrock

래된다. 포장지인 ETF와 포장지가 담는 내용물인 주식의 유동성이 서로 일치한다. 바로 Chapter 17에서 살펴본 유동성 매칭이다.

하지만 채권은 다르다. 채권형 ETF는 주식형 ETF와 마찬가지로 거래소에 상장되어 원활하게 거래된다. 반면 해당 ETF가 투자하는 채권은 주로 OTC에서 거래된다. 즉 포장지의 유동성과 내용물의 유동성이 서로 매칭하지 않는다.

표 19-1 주식형 ETF vs 채권형 ETF

	주식형 ETF	채권형 ETF
ETF 자체 유동성	높음	높음
자산 고유의 유동성	높음	낮음
유동성 매칭 여부	○	×

여기서 채권형 ETF의 이점이 나타난다.

채권 유동성은 주식 대비 낮다. ETF가 없었다면 채권 투자자들은 개별 채권들을 직접 거래해야 한다. 유동성이 떨어지는 장외시장에서 브로커를 통해 거래해야 하니 그 자체로 고통이다. 하지만 채권을 담은 ETF는 주식처럼 상장되어 거래되므로 이 자체로 상장시장 수준의 유동성을 보유하고 있다. 여기에 추가로 유동성 공급자들인 LP가 제공하는 추가 유동성이 붙는다. 즉 1) 채권 고유의 유동성에 2) LP가 제공하는 유동성, 그리고 3) ETF 자체 유동성이 더해지는 구조다. 이는 곧 채권 고유의 유동성 한계를 극복한 ETF의 마법이라고 볼 수 있다.

그림 19-3 ETF의 유동성 마법

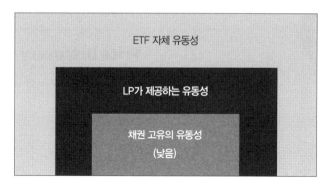

채권형 ETF ③ 최후의 승리

Price Discovery 효과

여러 번 언급된 유동성 매칭 개념을 상기해 보자. 이는 포장지인 ETF와 포장지의 내용물인 자산의 유동성이 서로 매칭돼야 하는 개념이다. 주식과 같은 상장 자산은 개방형 펀드에서, 그리고 부동산과 인프라 같은 비상장 자산은 폐쇄형 펀드에서 담아야 한다. 이 유동성 매칭이 어긋날 경우 큰 문제에 봉착할 수 있다.

그런데 채권형 ETF는 앞에서 언급했듯이 유동성이 매칭되지 않는다. 물론 ETF라는 포장지로 인해 유동성이 추가됐으나, 기본적인 금융 상식인 유동성 매칭 관점에서 보면 조금 의아할 수 있다. 부동산과 인프라까지는 아니지만 채권은 주식 대비 유동성이 떨어지는 자산이다. 유동성 매칭이 안 되는 채권형 ETF는 전혀 문제가 없는가? 채권형 ETF만 유동성 매칭이란 룰을 어겨도 되는 건가?

이를 근거 삼아 ETF 회의론자들은 변동성이 커지는 극한의 상황에서 채권형 ETF가 제 역할을 하지 못할 것이라며 오랫동안 ETF의 종말을 점쳐 왔다. 이들은 금융위기와 같은 극단적인 상황에서 ETF의 시장 가격과 기준 가격 사이에 심각한 괴리율이 나올 것으로 예상했다.

이들이 주장하는 논거는 무엇일까?

금융위기나 코로나 같은 극단적인 상황에서는 모든 자산에 투매가 발생한다. 채권과 같은 장외 거래시장은 시장 자체가 거의 마비되기도 한다. 2022년 말 혹은 2023년 초 부동산 시장을 생각해 보면 된다. 급격한 자산 가치 하락이나 변동성이 발생하면 시장에서는 매수와 매도 모두 사라진다. 팔고자 하는 사람도 없고, 사려는 사람도 없다. 각자가 희망하는 가격 차이가 커지며 거래가 중단된다.

좀 더 구체적으로 설명하면, 금융위기를 전후로 금융시장은 구조적인 변화를 겪어 왔다. 금융위기 전 OTC 시장의 시장 조성자들은 대형 은행들이었다. 이들은 보유한 막대한 자금을 바탕으로 시장 조성을 했는데, 정확히는 매도자로부터 채권을 사고, 이후 매수를 희망하는 고객에게 되파는 전략을 구사했다. 이런 방식의 시장 조성을 하기 위해서는 먼저 물건을 사고 넘겨야 하므로 충분한 자본이 받쳐 줘야 한다. 아무나 구사할 수 있는 전략이 아니다. 동시에 시장의 변동성 확대를 막는 긍정적인 효과를 낳는다. 그 이유는 일차적으로 매도자들의 물량을 받아주기 때문이다.

하지만 금융위기 이후 은행에 대한 규제가 강화되어 대형 은행들의 시장 조성 역할 비중이 축소됐다. 그리고 이 공백을 차지한 곳들이 바로 제인 스트리트Jane Street, 옵티버 그리고 점프 트레이딩 같은 전문 트레이딩 하우스들이다. 이들은 은행과 같은 방식을 대신해 초단타 매매High Frequency Trading를 기반으로 매도자와 매수자를 연결해 주는 역할을 주로 수행한다. 군이 비유하면 이들은 부동산 중개사들에 가깝다. 매수자와 매도자를 연결해 줄 뿐, 본인들이 직접 부동산 거래에 참여하지는 않는다. 대규모 자금 없이 기술력 하나로 시장 조성을 할 수 있는 굉장히 큰 장점을 지니지만, 은행처럼 변동성 확대를 막아주는 쿠션 역할을 기대하기는 힘들다.

결론적으로 ETF 회의론자들은 채권시장의 취약점을 근거로 기준 가격과 시장 가격 사이의 괴리율 확대 가능성을 지적했다. LP가 유통시장과 발행시장을 오가며 이 괴리율을 축소하기 위해서는 두 시장이 모두 정상적으로 작동해야 한다. 하지만 극단적인 상황에서 채권시장이 경직되면 LP는 설정과 해지를 위한 CU를 구성할 수 없게 된다. 즉 LP의 기본적인 거래 방식인 차익 거래가 중단되며 ETF의 시장 가격과 기준 가격이 서로 따로 노는 현상이 발생한다는 얘기다. 이를 근거로 회의론자들은 ETF가 본연의 기능을 상실할 것이며, 다음 버블의 근원지라고 비판했다. 그리고 실제로 2020년 초 코로나가 글로벌 금융시장을 강타하며 ETF는 시험대에 올랐다.

그림 20-1 LQD 프리미엄 및 디스카운트

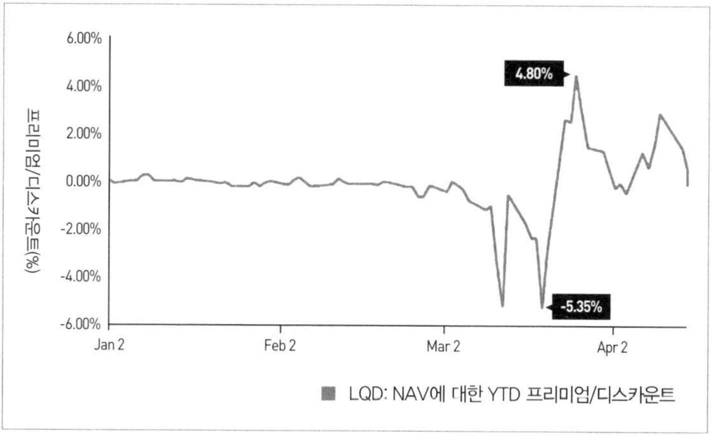

출처: NYSE, ICE Data Services

블랙록이 운용하는 iShares Investment Grade Corporate Bond ETF[LQD]는 대표적인 회사채 ETF다. 회사채 대부분은 OTC 시장에서 거래되며 국채 대비 전반적으로 낮은 유동성을 지닌다. 2020년 3월 코로나 여파로 회사채 시장이 경직되며 LP의 마켓 메이킹이 중단됐다. 그리고 회의론자들이 주장한 대로 시장 가격과 기준 가격이 좁혀지지 않으며 괴리율은 무려 5.35%까지 벌어졌다. 즉 시장이 멈춰 기준 가격은 고정된 상태에서 일방적으로 시장 가격만 밀린 결과다.

이 5% 수준의 괴리율을 어떻게 인식해야 할까? 정말로 ETF 회의론자들이 말한 것처럼 ETF가 본연의 기능을 하지 못한 것일까?

Price Discovery(가격 예시 기능) 역할

지금까지 다룬 ETF 구조의 핵심은 바로 지수다. 가령 지수가 1% 오르면 기준 가격도 1% 올라야 한다. 최소한의 추적오차가 운용사 역량의 핵심이기 때문이다. 그리고 시장 가격 또한 1%로 같이 올라야 한다. 왜냐하면 괴리율이 발생해서는 안 되기 때문이다. 즉 전통적인 구조에서 ETF는 지수를 중심으로 돌아간다.

S&P 500과 같은 지수는 주식시장의 특성상 시장에서 실시간으로 거래되고, 그 정보가 즉각적으로 반영된다. 코로나와 같은 상황에서도 마찬가지다. 시장이 멈추거나 지수 움직임이 중단되는 경우는 없었다. 그러므로 주식형 ETF는 상황 불문하고 LP의 유동성 공급이 원활하게 유지되며 괴리율 이슈가 적다. 그래서 지수를 중심으로 봐도 무방하다.

하지만 채권은 장외에서 주로 거래되므로 그 정보가 주식처럼 실시간 반영되지 않는다. 특히 국채도 아니고 거래량이 상대적으로 떨어지는 회사채와 정크본드라면 필연적으로 딜레이가 발생한다. 코로나와 같은 상황에서는 더더욱 심해진다. 지수 데이터가 시장 상황을 온전히 반영하지 못하므로 지수를 괴리율 산출의 측정 기준으로 삼는 데 의문이 생긴다.

그러므로 LQD에서 발생했던 5%의 괴리율을 액면 그대로 받아들이기 어렵다. 되려 반대다. LQD와 같은 채권형 ETF에서는 지수 및

ETF의 기준 가격이 아닌 시장 가격을 기준으로 인식해야 한다는 해석이 지배적이다. 국제결제은행[BIS], 블랙록 그리고 나스닥 거래소 모두이를 두고 ETF의 Price Discovery 기능이라고 표현했다. 즉 극단적인 상황에서는 ETF의 시장 가격이 거래가 멈춘 발행시장을 대신해 가격 표준 역할을 한다는 뜻이다.

참고로 LQD에서 괴리율이 마이너스 5.35% 발생하고 그다음 날 4.8% 프리미엄이 발생한 이유는 시장의 자정 작용과 함께 연준이 개입했기 때문이다. 연준은 회사채 시장 안정을 위해 블랙록이 운용하는 LQD를 매입하기로 결정했다. 이로 인해 LQD의 괴리율은 하루 만에 반대로 전환됐고, 이후 정상적으로 0%에 수렴했다.

일반적으로는 ETF의 기준 가격이 시장 가격을 이끈다. 반대로
극단적인 상황에서는 ETF의 시장 가격이 기준 가격을 견인한다.

종말론자들의 종말

ETF의 모태가 되는 인덱스 펀드가 처음 등장했을 당시 사람들은 미국
답지 않은 투자라며 비난했다. 그러나 인덱스 펀드는 이를 극복했다.
ETF가 등장하고 사이즈가 커짐에 따라 패시브 투자 자체에 대한 비난

그림 20-2 채권 ETF 자본 유입

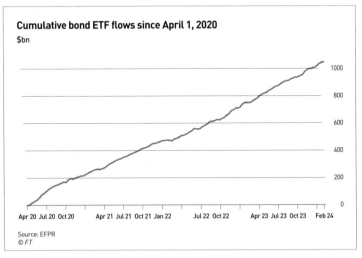

출처: 파이낸셜 타임스

은 사라졌다. 하지만 비난의 컨텍스트가 바뀌었다. 채권형 ETF를 거론하며 일부 종말론자들은 ETF가 버블의 주역이 될 것이라고 외쳤다. 극단적인 시장 상황에서 ETF는 모순을 드러내며 스스로 자멸할 것이라고 주장했다. 하지만 패시브 투자가 그러했듯 ETF 또한 모든 비판을 극복했다. 이제 코로나를 기점으로 더 이상 ETF와 관련한 부정적인 글은 찾아볼 수 없다.

그 어느 때보다 ETF는 금융시장의 핵심 상품으로 자리를 잡았으며, 채권형 ETF는 그 중심을 담당하고 있다. 코로나가 한창이었던 2020년도 4월 이후부터 2024년 초까지 채권형 ETF로 총 1조 달러 규모의 자금이 유입됐다. 종말론자들의 종말이다.

CHAPTER 21

원자재 ETF ① 원자재란

성장에 대한 베팅 그리고 인플레이션 헤지

주식과 채권에 이어 원자재 ETF를 살펴보자. 원자재는 주식 및 채권과 함께 자산 배분 포트폴리오를 구성하는 대표적인 자산 중 하나다. 60/40 포트폴리오처럼 주식과 채권으로도 충분히 좋은 포트폴리오를 구성할 수 있기는 하지만 조금 아쉽다. 그 점을 원자재 ETF가 채워 준다. 특히 요즘처럼 AI와 데이터센터가 트렌드인 상황에서는 근간이 되는 구리와 같은 원자재 투자 수요가 증가하고 있다. 원자재 ETF를 통해 투자자들은 전통 자산인 주식이나 채권이 커버하지 못하는 니즈를 채울 수 있다.

성장의 근간

원자재란 어떤 상품을 만들기 위해 투입되는 가장 초기 단계의 물질이다. 배터리를 만들기 위해서는 리튬과 니켈이 필요하다. 반도체를 만들기 위해서는 실리콘이 필수다. 원전을 가동하기 위해서는 우라늄이 있어야 한다.

어떤 산업이라도 성장하려면 제조에 필수적인 원자재가 있어야 한다. 그리고 원자재를 바탕으로 생산하기에 원자재 가격은 실물 경기를 선행하는 특징이 있다. 그런 의미에서 원자재 가격은 실물 경제를 이해하는 선행 지표 등으로 많이 활용된다.

그림 21-1 마이너스 원유 선물

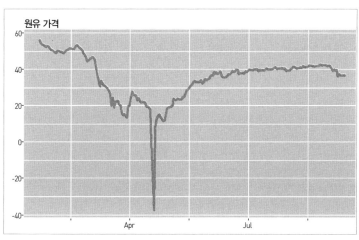

출처: Research Gate

세상에는 다양한 원자재들이 있지만 산업 측면에서 가장 중요한 원자재 중 하나는 바로 원유다. 경기가 호황이 될수록 글로벌 무역량이 많아지고 사람들의 이동이 증가한다. 반대로 경기가 불황이 될수록 글로벌 무역량은 감소하고 사람들의 이동은 감소한다.

경기 사이클과 밀접하게 움직이는 원유는 코로나 때 직격탄을 맞았다. 국가와 도시가 셧다운되고 모든 이동이 중단되면서 원유에 대한 수요가 증발했다. 특히 가격이 충격적인데, 선물 기준 원유는 2020년 4월 중순 마이너스에 도달했다. 어떻게 가격이 마이너스가 될 수 있는지 자연스러운 의문이 들 수 있다. 이 점은 Chatper 22 원자재 선물 거래에서 구체적으로 다룰 예정이다.

산업과 경제에 핵심적인 원자재로 원유와 함께 구리를 언급할 수 있다. 원유가 운송 및 모빌리티에 집중되어 있는 반면, 구리는 좀 더 광범위한데 인류의 기원과 함께한 핵심 원자재 중 하나다. 고고학자들에 따르면 동전을 주조하기 시작함과 동시에 인류와 구리는 떼려야 뗄 수 없는 관계를 맺기 시작했다. 아무튼 구리의 대표적인 사용처는 바로 전자 제품인데, 그 이유는 단순하다.

구리는 전기를 잘 전달하는 도체Conductor이기 때문이다. 고무처럼 전기가 안 통하는 절연체의 반대라고 보면 된다. 우리에게 너무나 익숙한 반도체는 영어로 Semi-Conductor이며, 반쪽짜리 도체란 사전적 의미를 지닌다. 즉 구리 없이는 전자 제품을 만들 수 없다. 가령 데이터센터의 경우 대부분의 서버와 장비는 구리 케이블 등으로 연결되어 있다. 심지어 서버 안에 설치된 CPU와 GPU 등도 모두 구리를 통해 연결되어 데이터를 주고받는다. 구리가 없는 세상은 상상조차 할 수 없다. 그러므로 원자재 투자의 제1 목적은 특정 산업과 성장에 대한 베팅이다.

여기서 이런 질문이 나올 수 있다. "성장에 베팅한다고 하면 굳이 원자재가 아니라 기업에 투자하면 되지 않은가?" 물론 합당한 질문이다. 같은 성장이라도 원자재 투자와 주식(기업) 투자는 결이 다르다. 원자재 투자는 수요와 공급에 의해 해당 원자재 가격이 얼마나 상승하냐에 달려 있다. 반면 주식은 좀 더 포괄적이다. 그 회사가 원자재를 기반으로 무엇을 만들어 내는지가 관건이다. 더 나아가 기업의 사업 구조, 경영진의 의사결정 및 대형 고객들과의 파트너십 등 여러 요소가 복합적으로 작용한다. 그러므로 성장의 과실이 좀 더 클 수 있다. 혹은 반대일 수도 있다.

예시로 우라늄과 원전 주식을 언급할 수 있다. AI로 인해 최근 미국에서 전력 수요가 급증하고 있다. 현재 데이터센터의 전력 소비 비율은 3%인데, 2030년까지 8%로 증가할 것이라고 예상하고 있다. 이 수요를 어떻게 충당할 것인가? 석탄을 늘리자니 전 세계적으로 추구하는 친환경 노선과 어긋난다. 그렇다고 태양광과 같은 친환경 에너지에 의존하자니 턱없이 부족하다. 이로 인해 원전이 새로운 에너지 공급원으로 떠오르고 있다.

아마존이나 마이크로소프트와 같은 빅테크 기업들이 원전 옆에 데이터센터를 짓고 있는 추세다. 여기서 원전을 직접적으로 소유하고 운영하는 업체들에 투자할 수 있다. 비스트라나 컨스텔레이션 같은 기업들이 예다. 혹은 원전에 필수적으로 들어가는 원자재인 우라늄에 직접적으로 투자할 수도 있다. 전자는 투자 성과가 여러 변수에 영향을 받는다. 가령 해당 원전의 주요 고객으로 아마존과 구글 같은 대형 IT 회사들이 들어온다면 회사에는 큰 호재다. 단 이런 호재가 우라늄 가격 자체에는 반영되기 힘들다.

더 나아가 원자재 투자에는 산업에 대한 베팅 외에 좀 더 핵심적인 요소가 숨어 있다.

인플레이션 헤지

인플레이션 헤지는 원자재 투자의 첫 번째 이유만큼이나 중요한 요소다. 2022년 그리고 2023년을 지나며 전 세계는 물가 상승의 무서움을 뼈저리게 느꼈다. 높은 물가는 현재도 진행 중이다. 물가 상승세가 꺾였을 뿐이지 물가 레벨이 다시 2022년 초 당시로 돌아가지 못하고 있다.

물가에 영향을 미치는 여러 요소가 있지만, 대표적으로 화폐량과 원자재가 꼽힌다. 그리고 이 둘은 서로 영향을 주고받으며 인플레이션을 가속화하는 경향이 있다. 왜냐하면 대부분의 원자재는 달러로 거래되기 때문이다. 달러가 풀리면 화폐 가치가 절하되며 원자재 가격을 올린다. 물론 이 외에 원자재 자체의 수요 공급도 크게 한몫한다.

인플레이션이 화폐 가치를 마모시키는 아주 단순한 진리를 상기하면 투자가 왜 중요한지 알 수 있다. 즉 화폐를 보유하고 있으면 필연적으로 인플레이션이란 괴물을 피할 수 없기 때문이다. 가령 은행 금리가 5%이고 물가 상승률이 2%이면 실질적인 금리 소득은 5%가 아닌 3%가 된다. 2%라는 인플레이션이 이자 소득을 갉아먹기 때문이다. 물가 상승이란 리스크를 피하는 방법은 오로지 투자밖에 없다. 그리고 인플레이션 헤지를 위한 최선의 방법 중 하나가 바로 원자재 투자다.

앞서 환헤지 메커니즘을 다루며 헤지의 정의와 목적을 설명했다. 환헤지는 환율 변동이란 리스크를 제거하는 행위다. 그 수단으로 외환 파생상품을 활용한다. 인플레이션 헤지도 동일한 맥락을 지닌다. 물가 상승이란 리스크로부터 자산을 보호하기 위해 원자재 투자를 도구로 활용하는 셈이다.

원자재는 모든 산업의 근간이므로 원자재 가격이 오르면 필연적으로 상품 가격이 오를 수밖에 없다. 가령 유가가 오르면 운송 비용이 증가하며 식탁에 오르는 음식 가격이 오른다. 우리나라처럼 소규모 개방형 국가는 해외 원자재 수입에 크게 의존하므로 원자잿값이 오르면 필연적으로 인플레이션이 유발된다.

인플레이션을 유발하는 요소로 원자재 가격 상승 외에 하나가 더 존재한다. 바로 화폐량 증가다. 시중에 유통되는 화폐량이 증가할수록 물가는 상승한다. 왜냐하면 생산된 상품 수가 고정이라면 매매의 단위가 되는 화폐량이 증가할수록 상품의 가격은 올라갈 수밖에 없기 때문이다. 반대로 생산된 상품 수가 고정인 상태에서 화폐량이 감소하면 상품 가격은 하락한다.

화폐량은 코로나 당시 큰 이슈가 되었는데 그 이유는 경기 부양을 위해 각국 중앙은행들이 엄청난 규모로 돈을 풀었기 때문이다. 만약 생산성이 늘어나는 상황에서 화폐량이 증가하면 큰 문제가 되지 않을 수 있다. 가령 실질 GDP 성장률이 2%인데 화폐량이 2%만큼 오르면 이론적으로 인플레이션은 0%에 수렴한다. 왜냐하면 상품이 2% 더 늘어난 상황(가격 하락)에서 화폐량이 2%만큼 증가했기에(가격 상승) 서로 상계되기 때문이다. 하지만 GDP 성장률이 저조한 상황에서 화폐량이 증가하면 그대로 인플레이션으로 이어질 가능성이 크다.

[그림 21-2]는 미국 중앙은행인 연준의 재무상태표^{Balance Sheet}의 추이를 그린 그래프다. 급격한 재무상태표 확장 추세는 인플레이션을 자극하기에 충분하다.

코로나 당시 인플레이션에 대해 좀 더 얘기하자면, 중앙은행의 재무상태표 증가가 물가 상승에 단단히 한몫한 것은 사실이다. 하지만 돈을 풀고 이를 시중에 유통하는 방식도 굉장히 중요한 변수로 작용했다. 코로나 이전을 보면 2008년 금융위기 이후로 지속적으로 연준의 재무상태표가 증가했음을 알 수 있다. 소위 양적완화라는 화폐량 증대는 코로나 때의 특수한 이벤트가 아니었다.

그림 21-2 연준의 재무상태표

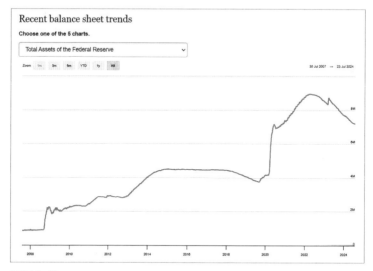

Recent balance sheet trends

Choose one of the 5 charts.

Total Assets of the Federal Reserve

Zoom 1m 3m 6m YTD 1y All   30 Jul 2007   23 Jul 2024

출처: Federal Reserve

하지만 코로나 이전까지는 그 누구도 인플레이션을 걱정하지 않았다. 오히려 디플레이션을 걱정했던 시기였다. 오죽했으면 인플레이션의 죽음을 외쳤던 시기이기도 하다. 양적완화라는 과정을 통해 연준의 재무상태표가 팽창했음에도 당시 인플레이션이 없었던 이유는 증가하는 화폐량이 시중에 직접적으로 유통되지 않았기 때문이다.

양적완화는 무식하게 돈을 찍어 내는 과정이 아니다. 이는 중앙은행이 국채와 같은 채권 등을 은행으로부터 매입해 장기 금리를 낮춰 투자와 소비를 촉진하는 행위다. 즉 간접적인 경기 부양 정책이다. 이러한 섬세한 프로세스를 통해 중앙은행은 시장 왜곡을 최대한 억제하면서 경기를 부양한다. 중앙은행에게 채권을 팔아서 받은 돈으로 은행이 시중에 대출해 줄 경우 실질적으로 돈이 풀린다. 이것이 바로 인플레이션의 시발점이다. 은행이 돈을 금고에 쌓아 놓기만 한다면 결코 물가 상승으로 이어질 수 없다.

하지만 코로나 때는 이 유통 과정이 달랐다. 양적완화도 있었지만, 미국 정부는 개개인의 호주머니에 직접 돈을 꽂아 넣었다. 물론 즉각적인 소비 촉진을 위한 정책으로 빠르게 코로나 위기를 탈출하는 데 효과적이었다. 하지만 필연적으로 인플레이션 상승을 야기할 수밖에 없었다.

원자재 투자의 목적
1. 성장성에 대한 베팅
2. 인플레이션 헤지

다음 장에서는 선물 거래의 개념과 함께 원자재 ETF에 대해 구체적으로 살펴보자.

원자재 ETF ② 선물 거래

실물 없는 투자

원자재 ETF는 주식과 채권형 ETF처럼 특정 지수를 벤치마크로 추종한다. 이렇게 보면 주식과 채권형 ETF와 별반 다를 게 없어 보인다. 하지만 여기에 미묘하지만 엄청난 차이가 숨어 있다. 바로 원자재 ETF는 대체로 실물이 아닌 선물에 투자한다는 점이다. 이 차이점을 이해하지 않고 원자재 ETF에 투자할 경우 큰 낭패를 볼 수 있다. 그러므로 원자재 ETF 투자에 앞서 Chapter 14의 환헤지에서 다룬 선물 거래에 대한 개념을 좀 더 심도 있게 알아보자.

어디에 보관할 것인가?

엔비디아 주식에 투자한다고 가정해 보자. 주식은 회사에 대한 실질적인 지분으로, 즉 회사의 일부를 소유하는 행위다. 실물이 존재한다. 채권도 마찬가지다. 미국 정부가 발행한 국채를 가정해 보자. 해당 채권은 주식과 마찬가지로 전산 데이터이기는 하지만 미국 정부가 보증하는 실물이다. 그러므로 주식형 혹은 채권형 ETF는 대체로 실물 자산으로 이뤄져 있다.

원자재 투자는 이와 다르다. 물론 원자재는 그 자체로 확실한 실물이다. 주식과 채권처럼 전산 데이터도 될 수 없다. 엄연히 존재하는 원유, 구리 및 니켈과 같은 물질들이다. 그럼에도 원자재 ETF가 실물을 담지 않는 이유는 보관 이슈 때문이다. 원유 ETF가 정말로 실물 원유에 투자한다면 중대한 문제에 봉착하게 된다. 왜냐하면 실물 원유를 가져와 어딘가에 보관해야 하기 때문이다. 하지만 정유업체가 아닌 이상 그 누구도 실물 원유를 보관하고 싶어 하지 않는다. 구리도 마찬가지다. 그 무거운 구리를 들고 와서 도대체 어디에 보관할 것인가? 그러므로 원자재 투자는 실물 자산 보관이란 맹점이 존재하며, 이로 인해 주식형 및 채권형 ETF와는 조금 다른 구조를 택한다.

앞에서 언급했듯 일반적으로 금융 투자자들이 원자재에 투자하는 이유는 1) 경제 및 특정 산업의 성장에 대한 베팅과 2) 인플레이션 헤지다. 한마디로 실물 원자재로 무엇인가를 할 의도는 전무하다. 원자재에는 투자하고 싶지만 원자재를 직접 보유하고 싶지는 않다는 뜻이다. 그러므로 원자재 ETF는 실물이 아닌 선물 계약^{Futures}으로 많이 거래된다.

선물 거래란 무엇인가?

선물은 파생상품의 일종으로 오늘 정한 가격^{Trade}으로 미래에 결제^{Settle}하는 거래다. 보통 거래와 결제를 혼동하는데 이 둘은 엄연히 다르다. 거래란 가격을 정하는 행위이며, 결제는 정해진 가격으로 돈과 상품을 주고받는 행위다. 가령 이마트에 가서 맥주를 사면 거래와 결제는 동시에 이뤄진다. 돈을 주고 맥주를 받는다. 우리가 일상에서 하는 대부분의 상거래는 거래와 결제가 동시에 일어나는 구조다.

하지만 가격과 결제일이 서로 상이한 사례는 매우 흔하다. 대표적인 예가 바로 주식 거래다. 국내 주식을 거래할 경우 거래는 주문을 넣는 시점에 체결되지만, 결제되는 시점은 2영업일 이후다. 즉 오늘 팔면 2영업일 후에 돈이 들어온다. 반대로 오늘 사면 2영업일 후에 돈이 빠진다.

선물은 가격과 결제일 사이의 간격을 2영업일 이상으로 늘린 거래 방식이다. 2영업일 이내의 거래를 보통 현물 거래라고 하고, 2영업일 이후로 결제되는 거래를 바로 선물 거래라고 한다. 그렇다면 거래를 오늘 하고 결제를 먼 미래에 하는 이유는 무엇일까?

첫 번째로 가격 변동에 대한 헤지다. 가령 오늘 원유가 100달러인데 국내의 한 수입업체는 1개월 후 원유 가격이 120달러로 상승할 것을 예상하고 있다. 그렇다고 지금 당장 원유가 필요하지는 않다. 그런데 원유를 보관할 수 있는 저장고가 꽉 찼다고 가정해 보자. 실물 거래만 가능한 경우 해당 원유 업체가 현시점에서 할 수 있는 일은 딱히 없다. 시간이 지나 원유가 필요한 시점이 되어야 원유를 수입해야 한다. 이 경우 수입업체의 예상에 따라 가격이 120달러로 올랐다면 그만큼 높은 가격으로 사야 한다.

선물 거래를 통해 수입업체는 다음과 같은 거래를 할 수 있다. 1개월 후에 결제되는 원유에 대해 현재 가격인 100달러로 선물 매수를 체결한다. 그렇다면 원유 가격이 1개월 후 120달러가 되더라도 수입업체는 100달러에 원유를 수입할 수 있게 된다. 즉 20달러만큼 이득이다. 물론 가격은 반대로 움직일 수 있다. 1개월 이후 원유 가격이 반대로 80달러가 되더라도 수입업체는 이를 기존에 계약했던 가격인 100달러에 매입해야 한다. 이 경우 20달러만큼 손실이다.

선물 거래의 대상이 되는 자산은 원자재뿐만 아니라 주식과 환율도 포괄한다. 가령 해외에 물건을 수출하고 달러를 받는 수출업체가 있다고 가정하자. 수출업체가 물건을 팔고 받게 되는 달러는 미래에 들어온다. 수출업체 입장에서는 물건을 잘 파는 것도 중요하지만, 원/달러 변동에 의한 외환 리스크를 관리하는 것도 중요하다. 가령 현시점에 환율이 1달러당 1,000원인데 미래에 800원이 되면 20%의 손실이 발생한다. 이러한 외환 리스크가 우려되는 수출업체는 선물 거래를 통해 잠재적인 환율 하락을 헤지할 수 있다. 즉 달러를 현시점 가격인 1,000원에 파는 선물 계약을 맺는 것이다. 만약 미래에 환율이 800원이 되더라도 수출업체는 들어오는 달러 대금을 1,000원에 팔 수 있다.

선물 거래의 두 번째 주목적은 바로 순수한 이윤 추구다. 앞으로 원유 가격이 오를 것이라고 생각해 원유에 베팅하려고 한다고 가정해 보자. 투자자는 수입업체가 아니므로 실물 원유를 들고 갈 수 없다. 그렇기에 투자자는 실물 원유를 매입하지 않고 원유 선물에 투자한다. 1개월 후에 원유 가격이 120달러가 될 것이라고 예측하고 현재 가격인 100달러에 선물 계약을 하면 된다. 1개월 후 투자자는 20달러의 차액을 얻게 되지만, 해당 기간 동안 실제 원유를 소유하지 않는다.

실물은 없다. 원유 가격에 베팅하는 선물 계약만이 존재한다.

선물 계약의 롤오버

선물 계약의 특성상 결제를 약속한 미래의 날짜를 만기일이라고 부른다. 그리고 선물 계약의 만기는 주로 월 단위로 이뤄진다. 즉 오늘 거래한 계약의 만기일은 한 달 후, 두 달 후 혹은 석 달 후 이런 식으로 월에 한 번꼴이다.

그렇다면 선물 계약의 만기일이 도래하면 어떻게 될까? 원유 선물 매수 계약이라면 만기일에 돈을 주고 실물 원유를 사 와야 한다. 구리 선물 매수라면 만기일에 현금을 주고 구리 실물을 받는다. 달러 선물 매수라면 만기일에 원화를 주고 달러를 받게 된다.

문제는 계약이 그대로 이행된다면 원자재 투자자들은 실물을 얻게 되는 골치 아픈 문제에 봉착한다. 이를 피하기 위해서는 기존 선물 계약에 반대되는 거래를 해야 한다. 가령 1월 구리 선물 매수 포지션이 있다면, 만기 때 기존 1월 만기에 대해 구리 선물 매도 거래를 일으킨다. 이 경우 두 거래는 서로 상계되므로 실물을 얻게 되는 불상사를 피할 수 있다.

간단히 비유하면 +1에 -1을 붙임으로 전체 포지션을 0으로 만드는 것이다. 다만 전체 포지션이 0이 된다는 의미는 더 이상 구리와 같은 원자재에 베팅하지 않게 됨을 뜻한다. 원자재 ETF는 지속적으로 선물 포지션을 들고 가야 상품으로서 의미를 지닌다. 그러므로 2월 같은 다음 만기일로 새로운 선물 계약을 추가로 맺어야 한다.

결론적으로 만기가 됐을 때 ETF는 1) 기존 선물 계약과 반대 계약을 하고, 2) 다음 만기로 신규 선물 계약을 함으로써 실물을 보유하지 않고 지속적으로 원자재에 투자한다. 이를 근월물(기존 계약) 매도 및 원월물(다음 계약) 매수라고 표현한다.

만약 원유 인버스 ETF처럼 원유 가격에 반대로 베팅하는 상품은 어떨까? 해당 ETF가 기존에 보유한 선물 계약은 원유 선물 매도다. 그

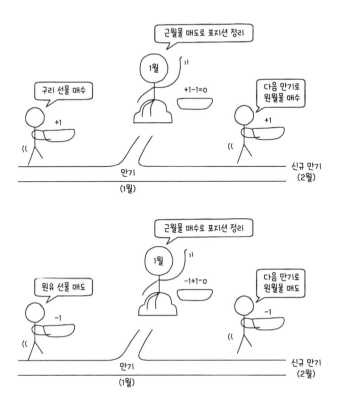

러므로 만기가 도래하면 근월물 매수 및 원월물 매도 계약을 맺어야
한다. 방향만 다를 뿐이다. 그리고 이러한 일련의 거래를 바로 선물 롤
오버Roll Over라고 부른다.

롤오버 리스크 : 콘탱고와 백워데이션

문제는 이 롤오버 때 발생한다. 이것을 이해하는 것이 원자재 ETF 구조를 이해하는 핵심이다.

우선 선물 가격은 만기가 길어질수록 가격이 상승하는 경향이 있다. 선물 거래 구조를 생각해 보면 그리 어렵지 않게 이해할 수 있다. 투자자 입장에서 선물은 오늘 거래하고 실물을 미래에 받는 계약이다. 이는 누군가가 만기일까지 실물을 '대신' 보유해야 함을 의미한다. 즉 만기가 길어질수록 보관 비용은 상승하고 이는 선물 가격에 더해진다.

잠시 돌아가서 앞 장에서 원유 선물 가격이 코로나 때 마이너스를 기록했던 과거를 상기해 보자. 어떻게 원자재 가격이 마이너스가 될 수 있는지 의문이 들 수 있다. 실물 원유에서는 일어날 수 없는 일이지만 선물시장에서는 가능하다. 그 이유 중 하나가 바로 보관 이슈다.

이벤트는 2020년 4월에 발생했는데, 당시 4월 WTI 원유 선물의 만기가 도래했고, 5월로 넘어가야 하는 상황이었다. 하지만 코로나로 인해 전 세계가 셧다운되며 원유에 대한 수요가 급감했다. 원유를 보관하는 창고는 꽉 차 더 이상 신규 원유를 보관할 수 있는 상황이 아니었다. 이로 인해 원유 트레이더들은 4월 원유 선물 매수 포지션을 청산하기 위해 가격과 무관하게 매도 선물 계약을 덤핑했다. 만약 매수 포지션을 청산하지 못하면 원유 실물을 가져와야 하는데 도무지 이를 보관할 수 있는 창고가 없었다. 마이너스 원유 선물은 코로나 때 나타났던 시장의 여러 극단적인 예시 중 하나다.

추가적으로 금리도 한몫한다. 투자자 입장에서 선물은 오늘 거래하고 미래에 돈을 주는 계약이다. 투자자는 만기까지 대금을 은행에 예금해 최소 예금 금리를 받을 수 있다. 반대로 실물을 보관하는 주체는 만기에 결제금을 받기에 해당 기간 동안 기회비용을 잃게 된다. 즉 금리 또한 선물 가격에 한몫하며 만기가 길어질수록 기회비용은 커진다. 이는 보관 비용처럼 선물 가격에 더해져 선물 가격을 끌어올린다.

일반적으로 선물 가격은 만기가 길어질수록 상승하며, 이를 콘탱고 Contango라고 부른다. 빈대로 선물 만기가 길어질수록 선물 가격이 하락하는 현상을 백워데이션Backwardation이라고 한다. 세계적인 파생상품 거래소인 시카고상업거래소CME에 반영된 구리 선물은 전형적인 콘탱고를 보이고 있다. 2024년 8월 선물 가격은 4.09달러인 반면, 9월물 가격은 4.11달러다. 이후 2025년 2월까지 구리 선물 가격은 지속적으로 상승한다.

만약 8월 만기 시점에서 콘탱고는 롤오버에 어떤 영향을 미칠까? 우선 구리 ETF는 롤오버를 위해 근월물인 8월 구리 선물을 팔고, 원월물인 9월 구리 선물을 매수해야 한다. 즉 4.09달러에 팔고 4.11달러에 되사는 거래를 하므로 0.02달러만큼의 스프레드가 발생하는 셈이다.

논란의 여지가 있는 부분은 여기서 0.02 차이가 손익에 반영되는지에 대한 여부다. 결론부터 얘기하면 0.02달러는 손실이 아니다. 기존

4.09달러에 구리 계약 근월물을 청산하고 4.11달러만큼 신규 계약을 맺을 때 투자자는 동일한 개수의 계약을 유지할 수 없다. 0.02만큼의 스프레드로 인해 4.09/4.11에 해당하는 0.995개수의 신규 계약을 맺게 된다. 이 상황에서 구리 가격이 100% 올랐다고 가정해 보자. 구리 ETF의 벤치마크는 100% 상승한 반면, 해당 ETF는 0.995×100%인 99.5% 오르게 된다. 즉 0.5%만큼의 추적오차가 발생함을 뜻한다. 결론적으로 롤오버가 ETF에 미치는 영향은 롤오버 직후 확정되지 않고 추후 원자재 가격의 움직임에 따라 달라진다.

일반적으로 콘탱고에 따른 근월물과 원월물의 괴리는 크지 않다. [그림 22-1]의 그래프를 보더라도 콘탱고의 추이는 완만하다. ETF에 그리 큰 문제가 되지 않는다.

하지만 콘탱고가 극대화되면 어떨까? 이를 슈퍼 콘탱고라고 하는

그림 22-1 CME 구리 선물

출처: CME 구리 선물

데, 근월물과 원월물의 가격 차이가 크게 벌어진 상황을 뜻한다. 앞의 케이스로 돌아가면 8월 구리 선물이 4.09달러인 상황에서 9월 구리 선물이 6달러가 된다고 가정해 보자. 이 경우 4.09달러에 선물 계약을 팔고, 6달러에 신규 매수를 하는 롤오버가 일어난다. 신규로 맺게 되는 계약 수는 4.09/6에 해당하는 0.68개가 된다. 이때 구리가 100% 올랐다고 가정해 보자. 구리 ETF의 벤치마크는 100% 상승한 반면, 해당 ETF는 0.68×100%로 68% 오른다. 즉 32%만큼의 갭이 벌어진다. 이는 곧 원자재 선물 ETF의 경우 주식과 같은 저점 매수가 통하지 않을 수 있음을 시사한다. 선물 거래의 롤오버로 인해 기초 자산의 수익률을 그대로 쫓아가지 못하는 현상이 나타날 수 있기 때문이다.

실물이 아닌 선물로 원자재에 투자하는 모든 ETF는 이러한 롤오버 리스크에 직면한다. 이로 인해 시간이 지날수록 ETF가 추종하는 원자재 지수와 실제 ETF 수익률 사이에 괴리가 발생할 수 있다. 그러므로 원자재 ETF에 투자하고 싶다면 사전에 선물 거래와 롤오버에 대해 정확히 파악해야만 한다.

레버리지 & 인버스 ETF

음의 복리 효과를 부르는 변동성

이번 장에서는 레버리지와 인버스 ETF에 대해 살펴볼 것이다. 레버리지와 인버스 ETF는 투자가 아닌 단기 트레이딩 목적의 상품이므로 해당 ETF는 자산 배분의 목적으로 접근해서는 안 된다. 그럼에도 불구하고 해당 상품들에 대한 수요는 시장에서 꾸준하게 존재한다. 특히 인버스 ETF의 경우 일반 개인이 시장에 반대 방향의 베팅을 할 수 있게 해 준다는 측면에서 매력적이다. 자산의 특징과 투자 목적에 집중했던 채권과 원자재 ETF와 달리 이번 장은 상당히 기술적이다.

레버리지 ETF: 음의 복리효과

지수 움직임보다 초과 수익을 낼 수 있다는 점에서 레버리지 ETF는 주목받는 상품이다. 그리고 대부분의 ETF는 추종하는 벤치마크 대비 2배 수익을 내도록 설계되어 있다. 단 유의해야 하는 점은 바로 기간 수익률 2배가 아닌 하루 벤치마크 수익률 대비 2배 수익률이다. 이것은 어떤 의미일까?

레버리지 ETF가 추종하는 지수가 100~110 사이에서 횡보한다고 가정하자. 1월 1일 기준 100에서 시작한 지수는 하루는 110, 그다음 날은 100으로 한 달긴 횡보 중이다. 이를 수익률로 표현하면 +10%/-9.09%를 반복하는 셈이다. 기간 수익률로 본다면 100에서 시작해 100으로 끝났으니 0%다.

그림 23-1 지수 벤치마크

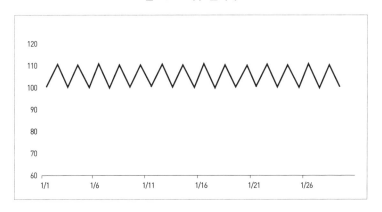

레버리지 ETF는 하루 벤치마크 수익률의 2배씩 움직인다. 즉 오를 때는 20% 상승하고, 내릴 때는 18.18% 하락한다. 이로 인해 레버리지 ETF는 1월 말 77.34의 값으로 끝난다. 기간 수익률로 따지면 22.66% 하락한 셈이다. 즉 벤치마크가 횡보하더라도 레버리지 ETF는 손실이 날 수 있다. 벤치마크 기간 수익률이 0%라고 해서 레버리지 ETF 수익률 또한 0%가 된다는 보장은 없다.

그림 23-2 벤치마크 vs 2X ETF

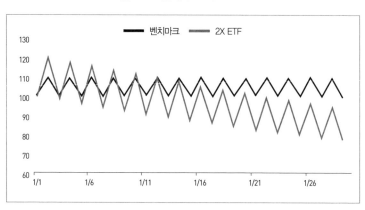

벤치마크가 횡보하더라도 레버리지 ETF가 손실 나는 이유는 자명하다. 100에서 시작한 레버리지 ETF는 첫날 10%의 2배인 20%가 올라 120이 된다. 둘째 날에는 -9.09%의 2배인 -18.18% 하락해 98.184가 된다. 세 번째 날 다시 20% 올라 117.82가 되지만 넷째 날 다시 -18.18% 하락해 96.4가 된다. 즉 시간이 지날수록 레버리지 ETF는

하락한다. 이를 레버리지 ETF의 디케이 현상^{Decay}이라고 한다.

디케이 현상의 배경에는 음의 복리 효과^{Negative Compounding}가 있다. 이 예시에서 둘째 날 ETF는 98.184가 됐다. 만약 레버리지 ETF가 벤치마크처럼 횡보하기 위해서는 셋째 날 몇 %의 수익이 나야 할까? 다시 120으로 올라가야 하므로 120/98.184인 22.2%다. 벤치마크 기준에서는 11.1%가 올라야 한다. 즉 +10% / -9.09%가 아니라 +11.1% / -9.09%로 상승 폭이 더 커져야 한다. 마이너스 수익률이 레버리지 ETF에 행사하는 비중이 클수록 음의 복리 효과 현상이 일어난다. 그리고 기간이 누적될수록 음의 복리 효과는 더욱 뚜렷해진다. 이로 인해 100에서 시작했던 2X 레버리지 ETF는 30일이 지난 이후 77.34가 된다.

2X를 넘어서

·······················

해외에는 2X 레버리지를 넘어 3X ETF가 있다. 예시의 극단성을 위해 4X ETF를 추가해 레버리지 ETF의 수익률을 한번 비교해 보자. 다음 예시는 시장이 오를 때는 10% 그리고 하락할 때는 9%가량 내려 지수가 횡보하는 상황을 가정했다. 2X 레버리지는 77.35, 3X 레버리지는 45.6 그리고 4X 레버리지는 19.85로 종료된다.

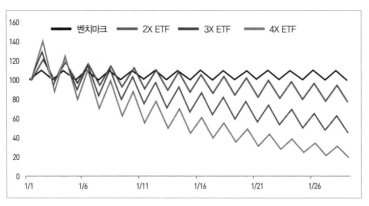

그림 23-3 벤치마크 vs 2, 3, 4X ETF

앞에서 살펴봤을 때 2X 레버리지 ETF가 벤치마크를 따라 횡보하기 위해서는 상승 폭이 하락 폭보다 2% 정도 더 높아야 한다. 3X와 4X 레버리지 ETF에서 필요한 값은 [표 23-1]과 같다.

표 23-1 레버리지 ETF가 벤치마크를 따라 횡보를 위해 필요한 값

	BM	2X	3X	4X
상승	10.00%	11.10%	12.50%	14.30%
하락	-9.09%	-9.09%	-9.09%	-9.09%
차이	0.91%	2.01%	3.41%	5.21%

레버리지의 배수가 올라갈수록 필요로 하는 상승 폭은 더욱 커진다. 가령 4X 레버리지의 경우 벤치마크 지수가 매번 14.30%로 올라야(첫날 10% 제외) 횡보할 수 있다. 만약 그 차이가 5.21%보다 작을 경

우 음의 복리 효과가 발생해 ETF 수익률은 하락한다. 시간과 함께 레버리지의 단위가 커질수록 음의 복리 효과는 극대화된다.

변동성이 레버리지 ETF를 망가뜨린다

음의 복리 효과를 극대화하는 요소는 바로 벤치마크의 등락 폭이다. 같은 횡보라도 시장이 1% 수준으로 횡보할 때와 10%로 움직일 때 레버리지 ETF에 미치는 파급력은 차원이 다를 수밖에 없다. [그림 23-4] 는 5% 등락과 10% 등락의 결과물 차이를 보여준다.

그림 23-4 변동성에 따른 레버리지 ETF 성과

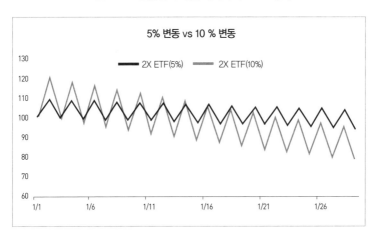

10% 변동성에서 2X 레버리지 ETF는 30일 이후 77.34로 종료된다. 반면 5% 변동성은 93.54로 끝난다. 결국 횡보하더라도 어떻게 횡보하냐가 레버리지 ETF 손익을 결정한다. 이런 의미에서 레버리지 ETF는 절대 장기 투자에 적합한 상품이 아니다. 궁극적으로 레버리지 ETF의 적은 바로 변동성이다.

인버스 ETF, 레버리지 ETF와 다를 게 없다

인버스 ETF는 시장이 하락할 때 수익을 내는 상품이다. 일반 투자자들이 시장에 반대로 베팅할 수 있는 몇 안 되는 방법이기에 레버리지 ETF처럼 주목받는 상품이다. 하지만 인버스 ETF에도 레버리지 ETF와 유사한 단점이 있다. 횡보하는 상황에서 시장을 쫓아가지 못한다.

앞에서 언급한 벤치마크 사례를 기준으로 인버스 ETF를 다뤄 보자. 시장이 상승할 때 10% 오르고 하락할 때는 9.09% 내린다. 이로 인해 시장은 100에서 시장해 다시 100으로 끝난다. 레버리지 인버스가 아닌, 그냥 평범한 1배 인버스의 예시이므로 당연히 시장과 정반대로 움직여야 한다고 생각할 수 있다. 하지만 실상은 다음과 같다.

인버스 ETF 움직임이 시장과 현격한 괴리가 나타나는 이유는 수익률이 뒤집히면서 음의 복리 효과가 발생하기 때문이다. 시장은 +10% / -9.09%로 움직이며 100에서 시작해 100으로 끝났다. 이 경우 인버

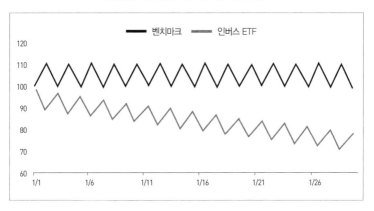

그림 23-5 벤치마크 vs 인버스 ETF

스 ETF는 -10% / +9.09%로 움직이므로 하락 폭이 더 커지게 되는 구조다.

만약 인버스 ETF가 횡보하기 위해서는 어떤 수익률이 필요할까? 첫날 10% 하락해 90에 도달한 후 다시 100으로 올라와야 하기 때문에 11.1%가 필요하다. 시장 관점에서 본다면 +10% / -11.1%로 움직이는 상황이다. 결국 레버리지 ETF와 유사하게 인버스 ETF에도 음의 복리 효과가 적용되며, 기간과 변동성에 따라 음의 복리 효과는 더욱 커질 수 있다. 이런 의미에서 인버스 ETF 또한 레버리지 ETF와 함께 장기 투자에 적합한 상품으로 보기 힘들다.

변동성이 레버리지 및 인버스 ETF를 망가뜨린다.

소소한 괴담

실상은 다르다

사업을 처음 시작하면 사람들이 몰려와 "이 사업이 되겠냐"라며 회의
감을 표현한다. 조금 사이즈가 커지면 이제 사람들은 "이 사업이 돈을 벌
겠냐"라고 묻는다. 돈을 벌기 시작하면 사업의 지속 가능성에 대해 의
구심을 표현한다. 더욱 성장해 안정적인 단계에 도달하면 이제는 사회
적 책임을 다하라고 요구한다.

　ETF도 마찬가지다. 태동기에 ETF의 모태가 된 인덱스 펀드는 평범
함으로 가는 지름길이라며 조롱받았다. 패시브 투자가 커지고 주식형
ETF 외에 다양한 ETF가 등장하자 비난의 방식이 달라졌다. 채권형
ETF를 언급하며 버블을 외쳤다. 즉 ETF의 지속 가능성을 공격했다.
이 또한 이겨냈지만 여전히 ETF를 둘러싼 몇 가지 소소한 괴담이 존
재한다.

마지막으로 해당 괴담들을 다루며 상품으로써 ETF가 지닌 지속 가능성과 안정성을 강조하고자 한다. 이는 장기 투자를 위해 필수적인 상품에 대한 확신을 심어줄 것으로 기대한다.

ETF로 인한 변동성 확대

ETF를 둘러싼 첫 번째 괴담은 바로 ETF로 인한 시장 변동성 확대다. 일견 그럴싸하다. 왜냐하면 ETF가 점점 보편화될수록 거래량 또한 증가하기 때문이다. 단 지금까지 다룬 ETF 구조를 이해한다면 이는 직관적으로 사실이 아님을 알 수 있다.

먼저 전통적인 펀드를 생각해 보자. 펀드에 환매가 들어오면 돈을 돌려주기 위해 보유하고 있는 내용물을 팔아야 한다. 창고에서 사과 등을 꺼내서 팔아야 한다는 의미다. 그만큼 시장에는 매도가 늘어난다. 반대로 펀드에 신규 자금이 유입되면 해당 금액만큼 사과를 매수해 창고에 넣어야 한다. 일반적인 펀드에선 창고의 내용물이 계속 들어갔다 나가기를 반복한다. 이는 곧 매수와 매도의 반복으로 시장 변동성에 일조한다.

반면 ETF는 어떠한가? ETF는 모스트의 의도대로 창고 내의 유출입이 제한되어 있다. 큰 금액이 아닌 이상 웬만한 거래는 유통시장에서 소유권을 주고받으며 처리된다. 즉 창고 안에 들어 있는 사과가 움직이지 않으니 ETF는 되려 시장의 변동성을 억제한다고 볼 수 있다. 내용물이 창고를 나가 시장에서 돌아다닐 때 변동성이 커지기 때문이다. 블랙록에 따르면 이러한 ETF의 완충제 역할을 충격 흡수Shock Absorber라고 한다.

실질적인 데이터를 봐도 ETF로 인한 변동성 확대는 그다지 근거가 없는 주장임을 알 수 있다. 다음 데이터는 CFA 협회에서 나온 자료로 미국 주식시장에서 ETF 트레이딩이 차지하는 비중을 보여준다. 해당 비중은 25%로 생각보다 크지 않다. 더 나아가 2011년 이래 해당 비중은 일정하게 유지되어 오고 있다. 더 늘지도 줄지도 않았다. 같은 기간 수천 개의 ETF가 탄생했고, 수조 달러의 자금이 유입된 점을 감안하면 [그림 24-1]의 데이터는 놀랍도록 안정적이다. 거래량 증가에 따른 변동성 확대를 논하기에 앞서 애초에 비중 자체가 늘지 않았다.

그림 24-1 ETF 거래 비중 1

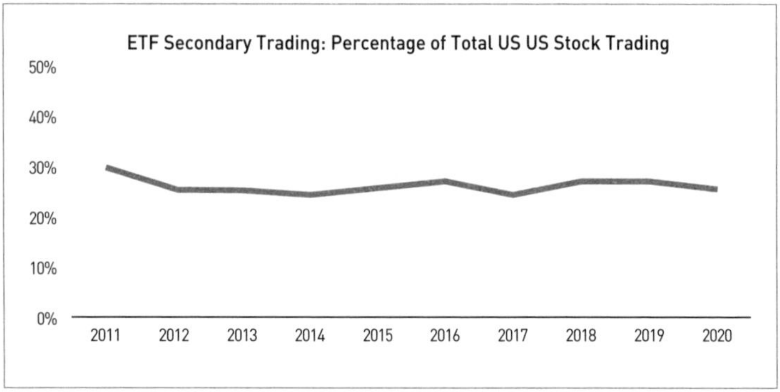

출처: CFA Institute

그렇다면 발행시장에서의 거래 규모는 어떨까? ETF는 유통시장과 발행시장 모두에서 거래되는 특징을 지니고 있다. 유통시장에서는 단순히 ETF 소유권을 교환하는 거래가 일어난다면 발행시장에서는 LP들이 CU를 기반으로 ETF의 설정과 해지를 돕고 유동성을 공급한다. 해당 수치는 현격히 낮은 5% 수준에 불과하다. 이 또한 2011년 이래 일정하다.

그림 24-2 ETF 거래 비중 2

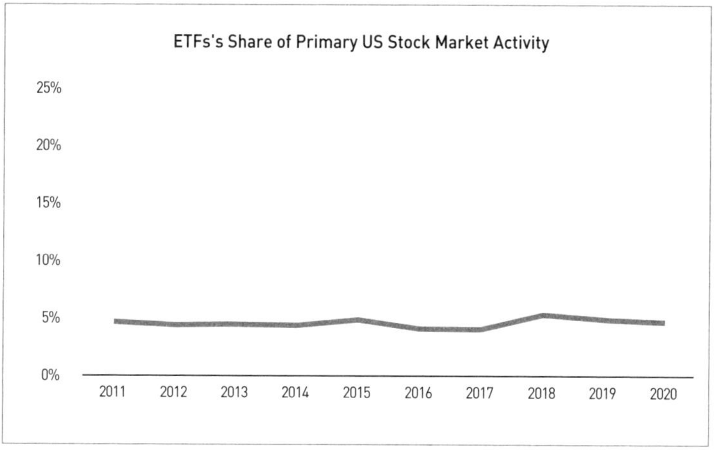
ETFs's Share of Primary US Stock Market Activity
25%
20%
15%
10%
5%
0%
2011
2012
2013
2014
2015
2016
2017
2018
2019
2020

출처: CFA Institute

ETF는 되려 시장 변동성을 축소한다.

ETF로 인한 자산 간 상관계수 증가

두 번째 주장은 ETF로 인한 자산 간 상관계수 증가다. 먼저 왜 상관계수가 중요한지 배경 설명이 필요하다. 투자 전략의 기본 중의 기본은 바로 분산투자다. 가령 주식과 채권처럼 서로 다르게 움직이는 자산을 같이 담아 변동성으로부터 포트폴리오를 보호하기 위함이다. 다만 이 전략이 유효하기 위해서는 자산 간의 상관계수가 낮거나, 마이너스여야 한다. 가령 주식과 채권이 같이 움직인다면 분산투자 효과를 기대할 수 없다.

2024년 1월 대형 운용사들이 비트코인 ETF를 출시한 것도 동일한 맥락이다. 비트코인과 같은 디지털 자산은 주식과 채권 같은 전통 자산과 궤가 다르기에 포트폴리오 분산 차원에서 높은 효과를 낼 수 있다는 기대감이 있다. 한마디로 상관계수가 낮다는 말이다.

ETF가 자산 간 상관계수를 끌어올린다는 비난을 받는 이유는 벤치마크에 맞게 자산 전체를 그대로 매입하기 때문이다. 가령 S&P 500 ETF 경우 해당 지수에 속한 11개의 산업과 수많은 기업에 대해 어떤 판단을 내리지 않는다. 이 섹터를 더 사고, 저 섹터를 덜 사는 행위가 없다. 지수를 통째로 담기 때문에 지수에 포함된 모든 기업과 산업이 같이 움직이는 경향이 생긴다. 같은 IT 섹터 안에서는 물론, IT와 에너지 및 유틸리티 등 S&P 500 지수 안에 있는 모든 산업이 한 방향으로 움직이는 성향이 짙어진다. 실제로 ETF는 증시를 구성하는 기업들의

그림 24-3 상관관계 데이터

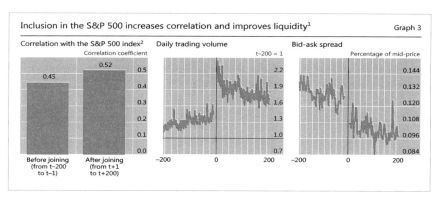

출처: 국제결제은행(BIS) – The implications of passive investing for securities markets

상관계수를 어느 정도 높이긴 한다.

국제결제은행에 따르면 특정 기업이 S&P 500 지수에 포함될 경우 포함되기 전보다(200일 전) 포함된 후(200일 후)의 상관계수가 더 높아졌음을 알 수 있다. 포함되기 전 상관계수는 0.45인 반면, 포함 이후 상관계수는 0.52로 증가한다. 즉 지수에 포함될 경우 ETF 자금이 유입되며 전체 지수와 동행하는 경향이 강화된다.

단 여기에는 충분한 장점들이 존재한다. 우선 ETF 자금이 들어오며 거래량이 늘어난다. 동시에 거래량 증가로 인해 매수-매도호가 스프레드가 작아지며 시장 효율성이 강화된다.

이는 시장의 비대칭성 및 불균형을 포착하고 투자 기회로 삼는 액티브 전략 입장에서는 더 나은 투자 여건이 조성되는 결과를 낳는다.

왜냐하면 거래량이 많고, 스프레드가 낮을수록 보다 효율적인 거래를 할 수 있기 때문이다. 아무리 비대칭성 등을 포착해도 거래할 수 있어야 기회를 잡을 수 있다. 그런 맥락에서 패시브가 제공하는 높은 거래량과 낮은 스프레드는 다양한 트레이딩 전략을 구사하는 시장 참여자들에게 우호적인 환경을 조성한다고 볼 수 있다.

ETF는 보다 원활한 거래 환경을 조성한다.

ETF의 미래

미래는 본질에서 시작한다

모든 상품에는 수명이 있다. 그리고 그 수명은 상품성에 의해 결정된다. 초창기 핸드폰은 삐삐를 압도했다. 하지만 전통적인 아날로그 폰은 뒤이어 등장한 스마트폰에 의해 시장에서 퇴출됐다. 디지털카메라는 필름 카메라와의 경쟁에서 승리했으나, 결국 스마트폰과의 경쟁에서 밀렸다. 이처럼 모든 상품에는 흥망성쇠가 존재한다.

그렇다면 ETF는 어떨까?

ETF의 미래를 논하기 위해서는 ETF가 지닌 상품성을 명확히 인지해야 한다. 그리고 지금까지 이 책을 읽은 독자라면 여섯 가지 키워드가 뇌리에 각인되었을 것으로 믿는다. 바로 1) 분산투자, 2) 저비용, 3) 장중 거래, 4) 확장성, 5) 비용 효과 그리고 6) 투명성이다.

ETF는 이 여섯 가지 요소를 기반으로 최고의 금융 상품이 됐고, 투자 업계를 재편했다.

스마트폰에 밀린 디지털카메라처럼 ETF도 미래의 어느 시점에는 왕좌에서 내려와야 하는 날이 올 수 있다. 그렇게 되려면 ETF가 보유한 여섯 가지 상품성보다 우월한 상품이 등장해야만 한다. 하지만 지금 시점에서는 상상하기 힘들다.

개인적으로 블록체인에 가능성이 있지 않을까 생각한 적이 있다. 가장 큰 이유는 블록체인상의 거래는 거래와 결제가 동시에 이뤄지기 때문이다. 환금성 측면에서 전통적인 금융 시스템보다 우월하다. 일반적인 주식이나 ETF는 국가별로 최소 1영업일 혹은 2영업일이 소요되기 때문이다. 즉 오늘 팔면 돈이 들어오는 시점은 하루나 이틀 후다. 즉 세 번째 상품성인 장중 거래 측면에서 블록체인은 전통 금융 시스템보다 우월한 측면이 분명 존재한다.

하지만 ETF와의 경쟁을 논하기 위해서는 최소 조건으로 이 여섯 가지 요소를 모두 갖추고 와야 한다. 그러므로 개별 상품성에 특화된 수준으로 경쟁을 논하기에는 의미가 없다. 동시에 기술 혁신은 블록체인만의 전유물이 아니다. 가령 미국의 상장 자산 결제 주기는 기존 3영업일이었다. 하지만 꾸준한 시스템 개발을 통해 현재는 1영업일까지 단축됐다. 즉 전통 금융 시스템 또한 발전한다. 사람들의 선입견과 달리 금융은 생각 이상으로 기술 친화적이다.

그런 의미에서 ETF의 독주는 한동안 지속될 것으로 예상한다. 그렇다면 ETF 업계는 어떤 방향으로 확장될까? 이 또한 상상력이 필요한 영역이긴 하지만 산업의 발전을 견인하는 핵심 요소는 바로 네 번째 상품성인 확장성이 될 것으로 본다.

첫 번째 상품성인 분산투자는 기본적인 투자 원칙에 가깝다. 아주 이례적이지 않은 이상 대부분의 ETF는 분산투자의 원칙을 고수할 수밖에 없다. 그리고 장중 거래, 비용 효과 및 투명성은 ETF 구조로부터 기인한 근본적인 요소들이다. 저비용은 모닝스타 리포트에서 언급된 것처럼 지난 수십 년 동안 지속되어 온 기조적인 흐름이다. 모든 ETF 보수가 0.02% 혹은 0.03% 수준의 극단적인 레벨에 도달할 가능성은 작다. 하지만 지금까지 하락해 온 저비용 기조가 방향을 바꿀 가능성 또한 크지 않다. 그러므로 결국 확장성만이 남는다.

블랙록과 피델리티 등이 연초 출시한 비트코인 현물 ETF가 확장성의 한 예다. 포장지로서 ETF의 확장성은 전통 자산을 넘어 디지털 자산으로 확장됐으며, 이는 앞으로도 이어질 가능성이 크다. 다만 확장성의 범위는 자산에만 국한되지 않는다. ETF를 다루는 전통 자산운용사와 비상장 자산을 다루는 사모펀드 등의 협업 또한 확장성의 한 갈래다.

2024년 9월 글로벌 자산운용사인 스테이트 스트리트와 굴지의 사모펀드 아폴로 글로벌 매니지먼트는 공동으로 신규 ETF 론칭 작업에 착수했다. ETF 이름은 SPDR SSGA Apollo IG Public & Private

Credit ETF다. 광장히 긴 이름이지만 이제 우리는 그 의미를 직관적
으로 이해할 수 있다.

SPDR SSGA Apollo IG Public & Private Credit ETF

- SPDR: 소위 거미[Spider]로 불리는 이 애칭은 스테이트 스트리트의 ETF
  브랜드명을 상징. 마치 블랙록의 iShares와 유사
- SSGA: State Street Global Advisors의 약자로 ETF를 운용하는 자
  산운용사의 사명
- Apollo: SSGA와 함께 ETF 운용을 담당하는 사모펀드의 사명
- IG: 투자적격[Investment Grade]의 약자로 신용 등급이 BBB 이상의 채권들을
  뜻함
- Public & Private Credit: 공모 및 사모 대출 채권을 상징. Public
  Credit는 일반적인 채권 ETF가 투자하는 공모 회사채 등을 의미하며,
  Private Credit는 전통적인 은행 대출 혹은 채권시장에서 발행된 부채
  가 아닌 사모 대출을 의미. Private Credit는 일반적인 채권 대비 더 큰
  리스크를 가져가지만 그만큼 더 높은 수익률을 기대할 수 있는 장점을
  보유

결론적으로 스테이트 스트리트가 ETF라는 포장지를 깔고 아폴로
가 주력으로 투자하는 사모 대출을 담는 구조다. 일반적인 채권 ETF
와 달리 사모 대출을 담아 수익률을 강화한 상품이다. 즉 지금까지 이

책에서 배운 내용을 바탕으로 앞으로 어떤 ETF가 출시돼도 상품성을 빠르게 파악할 수 있다.

과거에도 사모 대출과 같은 특수 자산들을 기관이 아닌 개인에게 제공하려는 시도는 여럿 있었다. 아폴로와 함께 사모 대출시장을 주름잡은 블랙스톤과 KKR 또한 비슷한 시도를 했다. 다만 고액 자산가들이 주 대상이었다. 그러므로 ETF 명가인 스테이트 스트리트와 사모 대출시장의 강자인 아폴로의 협업을 통해 만들어진 이번 상품은 ETF의 확장성을 여실히 보여준다. 앞으로 여러 금융 기관의 협업을 기반으로 다양한 상품들이 시장에 출시될 것으로 예상한다.

이 책에서 끊임없이 ETF의 본질과 구조에 집착한 이유가 바로 여기에 있다. ETF 라인업은 더 다양해지고 많아질 예정이다. 하지만 그 중심에 있는 여섯 가지 상품성은 변하지 않는다. 그러므로 이 중심을 정확히 잡으면 앞으로 어떤 ETF가 등장하더라도 분석하는 데 어려움이 없다. 결국 ETF의 미래는 본질에서부터 시작된다.

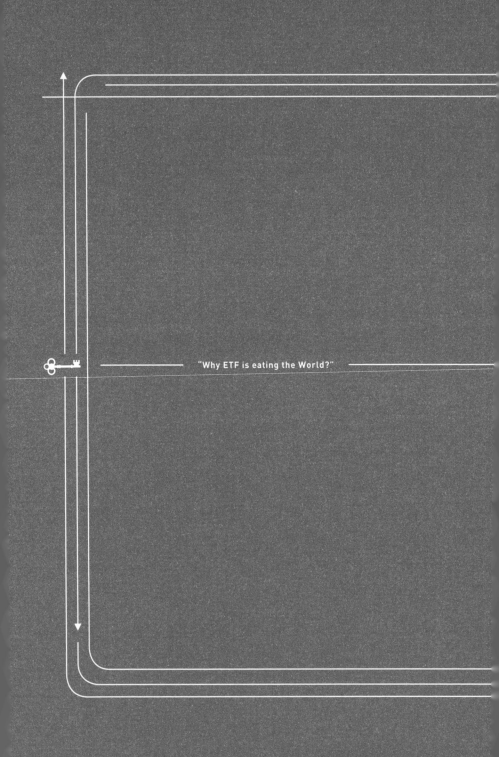

"Why ETF is eating the World?"

PART
5

좋은 ETF는
다음과 같이 고른다

ETF를 통해 '분산투자, 저비용, 장중 거래, 확장성, 비용 효과 그리고 투명성'이란 금융 상품이 지닌 핵심 요소들을 모두 배웠다. 이제 관건은 '어떤 ETF를 선택할 것인가'이다. ETF 투자의 꽃은 결국 추종하는 지수, 즉 시장이다. 시장에 대한 바른 선택이 최종 수익률을 결정한다.

다만 시장에 대한 선택은 항상 어렵다. 돈은 국가와 산업 사이를 끊임없이 오가기 때문에 흐름에 따라 이 시장이 좋아 보이기도 하고 저 시장이 나아 보이기도 한다. 그러므로 우리는 노이즈를 제거하고 시장 선택과 관련한 가장 구조적인 요소들에 집중해야 한다. 지금까지 다룬 ETF의 핵심 상품성처럼 말이다. 아마존 창업자 제프 베조스는 미래 예측의 성공률을 높이기 위해서는 "세상이 어떻게 변할 것인가"에 대한 고민보다 "무엇이 변하지 않을 것인가"에 대해 집중하라고 했다. 끊임없이 변하는 세상의 흐름을 예상하고 포착하려는 행위는 흐르는 모래를 움켜쥐려는 노력과 유사하다. 시장 선택 의사결정에서 우리가 참고해야 하는 변하지 않는 요소는 무엇인가?

이번 장에서는 선진국, 특히 달러를 컨트롤하는 기축 통화국인 미국에 대한 투자가 장기 수익률에 어째서 구조적으로 더 유리한지 다룰 예정이다. 자본은 자연법칙의 지배를 받는 물과 유사하다. 물이 반드시 위에서 아래로 흐르듯 돈은 선진국에서 신흥국으로 움직인다. 선진국 내부에서 돈이 충분히 돌았을 때, 비로소 더 높은 수익률을 좇아 신흥국으로 나간다. 이 과정을 건너뛰는 경우는 드물다. 결국 시장 선택의 성공 확률을 높이기 위해서는 ETF라는 배를 자본이 더 장기간 머무는 곳으로 향하게 해야 한다.

CHAPTER 26

돈은 어떻게 흐르는가

선진국에서 신흥국으로

심장은 피를 순환하고 연준은 달러를 유통한다

사람의 몸은 수십 개의 장기와 근육 그리고 뼈 등으로 이뤄져 있다. 특히 뇌와 폐 같은 내부 장기들은 너무나 중요한 역할을 한다. 그런데 개별 장기들만큼이나 중요한 역할을 담당하는 주체가 바로 피다. 피의 순환으로 개별 장기들은 산소와 영양소를 공급받고 반대로 노폐물을 배출한다. 가령 혈액 순환이 되지 않아 산소를 제때 공급받지 못한다면 장기들은 괴사한다. 아무리 폐와 대장이 건강해도 피를 적시에 제공받지 못하면 죽는다. 개별 장기들이 수행하는 기능 혹은 건강 상태와는 별개로 그만큼이나 피의 순환이 중요함을 뜻한다. 가령 뇌의 무게는 일반적으로 사람 몸무게의 2.5% 정도에 불과하나 산소 소모량과

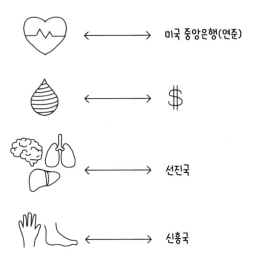

미국 중앙은행(연준)

$

선진국

신흥국

공급받는 혈류량은 20%에 달한다. 핵심 장기들이 우선적으로 피를 공급받고 나머지로 흐른다.

가령 추울 때 손발이 차가워지는 이유도 혈액 순환과 밀접하게 관련이 있다. 추우면 혈관이 수축하며 몸의 맨끝에 위치한 손과 발까지 공급되는 혈액 공급이 줄기 때문이다. 즉 신체라는 정교한 시스템을 원활하게 운영하기 위해 심장은 우선순위에 따라 혈액을 배분한다. 중요한 뇌와 핵심 장기들에 먼저, 그리고 손과 발은 마지막에 제공한다. 금융시장과 매우 동떨어진 사람 몸에 대한 이야기지만 실제로 시장에서 돈이 흐르는 구조는 혈액 순환과 매우 흡사하다.

사람의 몸을 순환하며 여러 장기가 제 역할을 하도록 하는 혈액은 글로벌 금융시장에서의 달러와 같다. 장기가 아무리 제 역할을 하고 싶어도 혈액 순환에 문제가 생기면 괴사하듯 금융시장도 마찬가지다. 개별 장기들을 하나의 국가로 비유한다면 해당 국가들이 아무리 대단한 경쟁력을 가지고 있다 하더라도 혈액인 달러가 없다면 심각한 위기에 봉착한다. 외국과의 거래에 필요한 외화가 부족해지는 현상, 바로 외환위기다.

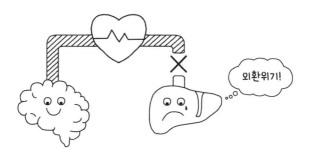

1997년 IMF를 겪었던 우리나라에게 외환위기는 쓰라린 기억이다. 어떻게 보면 우리나라 입장에서는 억울할 수 있는 이벤트다. 우리나라뿐만 아니라 외환위기를 겪은 모든 나라는 억울할 수 있다. 왜냐하면 순전히 외화가 없다는 이유로 발생하는 위기이기 때문이다. 기축통화인 달러를 컨트롤하는 미국, 그리고 달러에는 준하는 통화인 엔화와 유로화를 보유한 일본과 EU 등은 이러한 위기에서 상대적으로 자유롭다. 다만 한국을 포함한 대부분의 국가는 그렇지 못하다. 숨을 쉬는 폐, 음식을 분해하는 위 그리고 영양소를 흡수하는 장들이 혈액을 제때 공급받지 못하면 기능을 멈추듯, 달러는 금융시장에서 이토록 막

강한 영향력을 행사한다.

　결론적으로 시장을 선택하는 의사결정은 글로벌 경제를 연결하는 매개체인 달러와 이 기축통화를 발행하는 미국을 중심으로 내려야 한다. 즉 미국이 벤치마크다. 이는 단순히 미국이 최고이니 미국에만 투자하라는 뜻이 아니다. 시장 선택 과정에서 기준점을 적절하게 잡으라는 의미다. Chapter 4에서 언급했듯 5% 수익률 혹은 10% 수익률에 대한 가치 판단은 은행 금리와 같은 기준점을 통해서 내려야 한다. 즉 벤치마크를 기반한 의사결정은 단순히 수익률 평가에만 적용되지 않는다. 국가와 시장을 선택하는 기준에서도 마찬가지다. 브라질에 투자했는데 10% 수익률을 거뒀다. 인도에 투자했는데 20% 수익률을 올렸다. 이 숫자들은 그 자체로 별 의미가 없다. 미국과 비교했을 때 비로소 의미를 지닌다.

벤치마크 개념을 확장하자.
시장 선택에도 벤치마크는 적용 가능하다!

신흥국은 혈액을 가장 늦게 받지만 가장 먼저 뺏긴다

글로벌 금융시장을 혈액 순환의 관점에서 해석하면 미국 증시의 수익률이 왜 기타 선진국뿐만 아니라 신흥국들을 압도해 왔는지 이해할 수 있다. 이론적으로 접근하면 주가 수익률은 경제 및 기업 성장률에 비례하므로 성장률이 더 높은 신흥국 증시의 수익률이 선진국을 앞질러야 한다. 하지만 현실은 반대다. 금융위기 이후 15년째 지속되고 있는 미국의 압도적인 퍼포먼스는 전형적인 경제 이론만으로는 설명하기 힘들다. 물론 현재 진행형인 미국 예외주의American Exceptionalism와 같은 뛰어난 경제 성장률도 한몫하지만, 기저에서 작용하는 구조적인 요소를 무시할 수 없다.

혈액을 만들고 순환시키는 심장처럼 미국 중앙은행인 연준은 달러

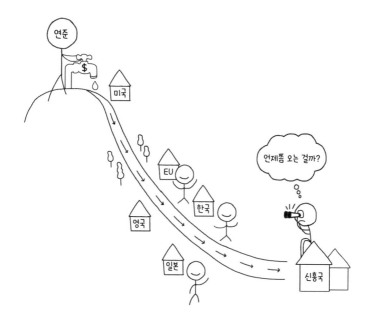

를 발행하고 유통하는 권한을 지닌다. 이 혈액들은 심장과 뇌 같은 핵심 장기, 가령 미국을 포함한 선진국들을 먼저 순환하고 그다음에 손과 발 같은 신흥국으로 흐른다. 이로 인해 혈액 순환 관점에서 본다면 손과 발은 피를 가장 늦게 받는 위치에 있다. 달러의 유통 과정에서 미국은 최전방에, 반대로 신흥국들은 최후방에 있다.

순차적으로 이 단계를 살펴보자. 경기 부양을 위해 연준이 금리를 인하하며 달러 유동성을 증가시켰다. 유동성은 0순위인 미국에서 우선적으로 순환되기 시작하며 주식이나 부동산 등 다양한 자산 가치를 끌어올린다. 이 유동성 중 일부는 미국에서 나가 유럽, 일본 및 기타 선진국들로 유입되며, 이들은 연준의 경기 부양 정책의 반사 이익을 누린다.

한국 또한 미국의 통화 정책 효과를 빠르게 누리는 나라 중 하나다. 이 과정이 지속되면 자본은 더욱 높은 수익률을 좇아 더 리스크가 큰 시장의 문을 두드리기 시작한다. 가령 브라질, 터키 그리고 아르헨티나와 같은 신흥국 시장이다. 이쯤 되면 일부 국가들에만 국한된 위험 선호 심리가 전 세계적으로 퍼진다. 투자 은행들은 상대적으로 신흥국 시장을 긍정적으로 평가하는 리포트를 발간하기 시작한다.

하지만 달러 유동성이 신흥국에 도착한 시점부터 문제가 발생하기 시작한다. 미국, 선진국 그리고 신흥국들이 달러 유동성을 즐긴 시점은 모두 제각각이다. 미국이 0순위, 선진국과 한국 같은 국가들이 1, 2순위이며 신흥국들은 최후방에 위치한다. 이로 인해 달러 유동성이 신흥국까지 풀릴 때쯤이면 본토인 미국에서는 유동성이 너무 넘쳐 이제 인플레이션을 걱정해야 하는 시기가 도래한다.

신흥국이 이제 막 유동성 랠리를 누리기 시작할 때쯤 미국은 인플레이션을 우려하며 경기 부양 정책을 거둬들이는 고민을 하기 시작한다. 즉 미국과 신흥국 사이에는 유동성 흐름의 시차가 존재한다.

안타깝게도 전 세계로 풀린 유동성이 회수되는 과정은 정반대로 이뤄진다. 신흥국부터 먼저 달러를 뺏긴다. 연준의 긴축은 리스크 선호 심리를 축소시키며 가장 리스크가 큰 곳에서부터 돈을 회수하기 때문이다. 즉 신흥국은 달러를 가장 늦게 받지만 가장 먼저 뺏긴다. 비유하

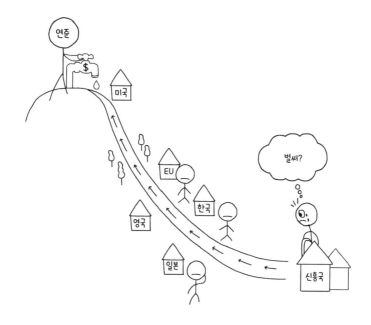

자면, 추운 겨울날 혈관이 축소되며 손과 발부터 차가워지는 현상과 같다. 기축 통화국인 미국은 달러 유동성 관점에서 이토록 엄청난 구조적인 혜택을 누린다.

연준이 시작한 유동성 랠리가 전 세계적으로 퍼지는 데 걸리는 시간은 사이클마다 천차만별이다. 코로나 같은 특수한 상황에서는 1년 반 정도밖에 걸리지 않았다. 연준이 금리를 인하하며 시장에 개입한 시점은 2020년 3월이며, 유동성 랠리가 끝자락에 달했던 시점은 2021년 말이었다. 실제로 물가 상승 우려가 가시화되며 연준은 2022년 3월 금리 인상을 기점으로 부양책을 종료했다.

신흥국들은 달러 유동성 체인의 마지막에 위치해 있다.
이들은 달러를 가장 늦게 받고, 가장 먼저 뺏긴다.

돈이 흐르는 단계

지금까지 달러가 글로벌 금융시장에서 유통되는 과정을 사람의 몸에 비유해 설명했다. 핵심은 개별 장기 혹은 개별 국가의 퍼포먼스만큼 중요한 게 바로 이를 모두 연결하는 혈액인 달러란 점이다. 이런 이유에서 달러를 발행하는 미국을 중심으로 봐야 한다. 그리고 달러 유동성이 흐르는 과정에는 명확한 위계가 존재하는데, 글로벌 투자 은행인

HSBC는 이를 총 5단계로 분류한다. 혈액 순환 비유의 근간이 되는 이 체계를 살펴보자.

달러 유동성이 흐르는 5단계

1. 미국의 완화적인 통화 정책

2. 전 세계적인 성장률 증대

3. 점진적인 달러 약세

4. 우호적인 매크로 정책

5. 신흥국으로 자본 유입

첫 번째는 바로 미국의 통화 완화 정책이다. 연준이 금리를 인하하거나 양적완화를 통해 완화적인 통화 정책을 펼치는 게 글로벌 달러 유동성 확장의 첫 번째 키다. 언덕 위에 위치한 연준이 수도꼭지를 돌리는 그림이 이를 상징한다. 단 신흥국까지 자본이 유입되려면 이 조건 하나만으로는 충분치 않다.

두 번째 단계로 실제 글로벌 경제 성장률이 좋아져야 한다. 연준의 경기 부양 정책은 일차적으로 주식 같은 금융 자산의 가격 상승을 견인하지만, 이후 실제 소비 등을 촉진하며 실물 경제 개선으로 이어진다. 만약 유동성이 풀리되 실물 경제가 개선되지 않는다면 이는 연준의 부양책이 제대로 작동하지 않고 있음을 뜻한다. 그렇기에 금융 영역을 벗어나 유동성이 실물까지 충분히 확장되어야 한다. 이쯤이면 풀린 유동성이 선진국들과 일부 주변 국가까지 왔다고 볼 수 있다.

세 번째 단계에서는 이제 달러가 미국과 선진국들을 벗어나 전 세계적으로 풀리기 시작한다. 달러가 미국 밖으로 나가기 위해서는 필연적으로 환전이 동반된다. 가령 달러를 팔고 한국 원화를 사거나 혹은 달러를 매도하고 브라질 헤알화를 매수한다. 이 과정에서 자연스럽게 달러 가치는 하락한다. 이 단계까지 오면 전 세계적으로 위험 심리가 충분히 고조되었다고 볼 수 있다.

단 신흥국으로 대대적인 달러 유동성이 유입되기 위해서는 통화 정책뿐만 아니라 매크로 정책 또한 호의적이어야 한다. 미국과 중국의 무역 분쟁이 대표적으로 이에 반하는 예다. 즉 1, 2, 3단계를 충족시켰음에도 관세, 분쟁 및 전쟁 같은 부정적인 이슈가 부각되면 신흥국으로 가는 문은 활짝 열리지 않는다. 신흥국으로 달러 유동성이 충분히 유입되기 위해서는 통화 정책, 경제 성장률 그리고 투자자들의 심리 등 모든 요소가 만족되어야 하기 때문이다. 이러한 이유에서 신흥국으로 자본이 유입되는 시점이 도래할 즈음 미국에서는 과잉 유동성에 대한 우려가 고개를 들 확률이 높아진다.

투자하는 시장이 달러 유동성 흐름에서 상류에 위치하는가?

아니면 하류인가?

달러 스마일

웃을 때 달러는 강해진다

CHAPTER
27

달러는 독특하다

기축통화인 달러는 일반적인 통화들과는 사뭇 다른 특성을 지닌다.
이 점을 이해한다면 앞 장에서 배웠던 달러 유동성 개념을 좀 더 넓은
시각으로 이해할 수 있다. 달러의 중요성은 여러 번 강조해도 부족함
이 없다. 유동성은 자산 가치를 움직이는 핵심 요소이며 유통되는 달
러의 양에 의해 결정되기 때문이다. 그러므로 시장 선택과 관련해 바
른 결정을 하기 위해서는 달러에 대한 이해도를 최대한 끌어올려야 한
다. 달러를 잘 이해할수록 글로벌 금융시장에서 돈이 어떻게 흐르는
지 더욱 효과적으로 알 수 있다.

　달러를 제외한 나머지 통화들은 경제 상황과 선형적인 관계를 맺는

다. 가령 호주의 경우 철광석과 같은 주요 원자재를 수출해 돈을 번다. 철광석 같은 원자재는 경기 사이클에 민감하게 움직이며 주로 경기가 확장하는 국면에서 수요가 늘고, 반대로 수축하는 상황에서는 수요가 감소한다. 그렇기에 호주의 통화인 호주 달러Australian Dollar는 글로벌 경제와 밀접한 관계를 맺는다. 글로벌 경제가 좋을수록 호주 달러는 강해지며, 반대로 나쁠수록 약해진다.

한국의 원화도 유사하다. 한국은 반도체와 같은 핵심 전자 제품을 해외에 수출해 돈을 번다. 반도체는 스마트폰, 서버, TV 등 모든 전자 제품에 들어가므로 산업의 쌀로 비유된다. 경기가 확장하는 국면에서 전자 제품에 대한 수요와 함께 반도체 수요는 증가하지만, 수축하는 상황에서는 감소한다. 이러한 이유로 한국의 원화는 호주 달러와 유사하게 글로벌 경제와 밀접한 관계를 맺는다. 경기가 호황일수록 원화는 강해지고 불황일수록 절하된다.

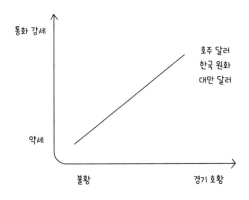

TSMC와 같은 굴지의 반도체 회사를 보유한 대만 또한 글로벌 경기에 민감하다. 이로 인해 대만의 통화인 대만 달러Taiwan Dollar 또한 원화와 유사하게 선형적인 관계를 지닌다. 즉 글로벌 경기와 통화 가치 간의 선형적인 관계는 매우 보편적인 현상이다.

이 와중에 일본의 엔화는 조금 다른 움직임을 보인다. 엔화는 대표적인 안전자산으로 경기 침체 혹은 쇼크가 발생할 경우 엔화 가치는 상승하지만, 경기가 좋을수록 엔화는 하락한다. 엔화가 다른 통화 대비 역으로 움직이는 이유는 일차적으로 내수 중심의 경제 구조로 대외 충격에 대한 민감도가 낮기 때문이다. 더 나아가 오랜 기간 지속된 해외 투자가 한몫한다. 저금리, 저출산, 저성장을 먼저 겪은 일본은 앞선 1990년부터 해외 투자 규모를 대대적으로 늘려 왔다. 이로 인해 일본이 지닌 막대한 해외 자산은 위기 때마다 버퍼 역할을 한다.

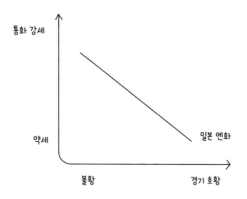

단 엔화 또한 다른 기타 통화들과 마찬가지로 선형적인 관계를 지닌다. 부호만 반대일 뿐이다.

대부분의 통화는 경제 상황과 선형적인 관계를 맺는다.

달러는 웃을 때 강해진다

유일한 예외는 바로 달러다. 우선 달러는 호주 달러, 한국 원화 그리고 대만 달러처럼 경제 상황이 좋아질수록 강해지는 일반적인 특성을 지닌다. 하지만 불황이 올수록 강해진다. 기축 통화인 달러는 위기 때마다 수요가 증가하는 안전자산으로서의 특성을 동시에 지니고 있기 때문이다. 이러한 이유에서 경기와 선형적인 관계를 맺는 기타 통화와 달리

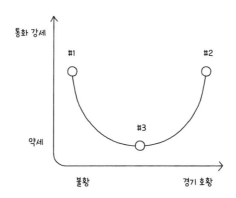

달러는 거의 유일하게 2차 함수와 같은 포물선 모형을 그린다.

우선 첫 번째 달러 강세는 경기 침체 구간에서 발생한다. 경기 침체로 인해 안전자산 수요가 증가한다. 혹은 전쟁 같은 특수 상황에서도 달러 수요는 늘어난다.

달러가 강세를 보이는 두 번째 시나리오는 미국의 경기가 나머지 국가들을 추월하는 '미국 예외주의'가 발생하는 상황이다. 이때 나스닥 혹은 S&P 500 지수와 같은 주요 미국 자산에 대한 글로벌 투자자들의 수요가 증가하며 미국으로 자본이 흘러간다. 즉 달러 자산에 대한 수요가 증가하며 달러가 재차 강세를 보인다. 2024년 말 기준 글로벌 금융시장을 진단하면 달러 스마일의 두 번째 강세 구간에 정확히 위치해 있다고 볼 수 있다. 미국의 경제 성장률이 나머지 국가들을 압도하고, AI 같은 미래 기술들이 이러한 흐름을 가속화하고 있다.

그렇다면 달러가 약세를 보이는 세 번째 구간은 어떤 국면일까? 바로 미국의 경제 성장률이 기타 국가들Rest of the World, ROW과 유사한 경우다. 미국과 ROW가 엇비슷한 경제 성장률을 보일 때 자본은 미국에서 나와 다른 신흥국 등으로 흘러간다. 달러 스마일 그래프로만 보면 일차원적이지만 앞 장에서 배운 달러 유동성 흐름과 합쳐서 본다면 달러 약세가 촉발되는 세 번째 지점은 달러 유동성이 하류에 근접한 국면이다. 그리고 유동성이 하류에서 얼마나 머무는지에 따라 세 번째 구간의 기간이 결정된다.

하지만 달러 스마일 특성상 약세보다는 강세가 발생할 가능성이 더 크다. 미국이 ROW를 압도해도 달러는 강세이며, 반대로 글로벌 위기가 와도 달러는 강세다. 더 나아가 달러 스마일의 형태 또한 중요하다. 달러가 푸근하게 넓게 웃는지 혹은 뾰족하게 좁게 웃는지에 따라 강세 및 약세 패턴이 달라진다. 달러 스마일은 이론에 가깝기 때문에 달러 스마일 포물선이 정확히 어떤 형태를 보이는지는 상당히 관념적이다. 다만 한 가지 확실한 점은 전쟁과 지정학 이슈가 커질수록 스마일 형태는 뾰족해진다.

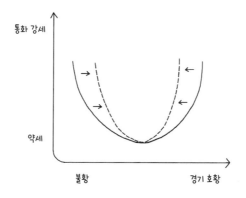

위기와 호황의 사이클이 짧아질수록 달러 스마일은 뾰족해지며
달러 자산의 매력도는 더욱 올라간다.

CHAPTER 28

유일한 테마

소수의 기업이 대다수의 부를 창출한다

지금까지 다룬 혈액 순환론과 달러 스마일의 핵심 메시지는 바로 미국을 벤치마크로 삼아야 한다는 점이다. 올바른 시장 선택만으로 ETF 투자는 98% 성공했다고 볼 수 있다. 다만 S&P 500 혹은 나스닥 같은 보편적인 지수 투자의 단점 아닌 단점을 뽑자면 바로 지루한 감이 있다는 점이다. 마치 삼삼한 평양냉면을 먹는 느낌이다. 완만하게 상승하는 수익률을 보고 있으면 ETF 투자가 마치 은행 예금 금리처럼 보이는 순간이 불현듯 찾아온다. 특히 개별 종목이 급등하는 국면에서는 보편적인 지수 투자가 아닌, 뭔가 새로운 것을 하고 싶은 충동이 든다. 즉 평양냉면보다 매콤한 비빔 냉면이 끌린다.

이 충동은 너무나 당연한 감정이며, ETF 투자자라면 누구나 한 번쯤은 자연스럽게 겪게 된다. 수익률을 더 끌어올리고 싶은 니즈는 다양한 종류의 ETF를 탄생시켰으며 대표적인 예가 바로 테마형 ETF들이다. 이들은 보편적인 지수가 아닌 특정 트렌드나 현상에 기반한 지수를 추종한다. 가령 ESG ETF, 핀테크 ETF 혹은 메타버스 ETF 등이다.

하지만 테마나 트렌드라는 단어가 내포하는 사전적 정의가 무엇인가? 바로 일시적인 흐름이다. 제프 베조스가 언급한 '변하는 요소'다. 물론 아주 간혹 일부 트렌드는 메가 트렌드로 진화해 사회를 근본적으로 바꾼다. 단 매우 드물다. 결론적으로 테마형 ETF는 단기 투자에는 좋을 수 있지만, 장기 투자에는 적합하지 않은 상품이다.

그렇다면 어떻게 해야 장기 투자 원칙 아래 일반적인 지수보다 더 높은 수익률을 창출할 수 있을까? 혈액 순환론과 달러 스마일처럼 시장에서 거의 변치 않는 구조적인 요소는 무엇일까? 98%를 100%로 바꿔 줄 2%의 플러스 알파는 무엇인가?

소수의 기업만이 지속적으로 부를 창출한다

이제는 아주 익숙해진 [그림 28-1] 차트를 상기해 보자. 바로 Chapter 1에서 다뤘던 베셈바인더의 결과물이다. 1926년부터 2016년 동안 채권 대비 주식이 추가로 창출한 35조 달러에 달하는 자산 중 10%는 극소수의 5개 기업이 만들어 낸 결과물이다. 즉 부의 편중 현상은 이렇게나 극단적이다.

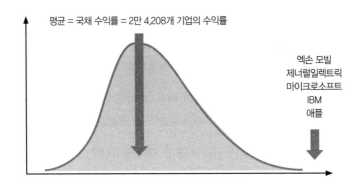

그림 28-1 양의 왜도

평균 = 국채 수익률 = 2만 4,208개 기업의 수익률

엑손 모빌
제너럴일렉트릭
마이크로소프트
IBM
애플

방대한 부를 창출한 극소수의 5개 기업 중 엑손모빌은 석유 회사이며, 제너럴일렉트릭^{이하 GE}은 전통적인 전력 인프라 회사다. IBM은 IT 산업의 선구자이며, 마이크로소프트와 애플은 빅테크의 일원이다. 5개 회사 중 마이크로소프트와 애플은 여전히 시대의 중심에서 AI 흐름을 이끌어 가고 있다.

논문의 조사가 종료된 2016년 이후에도 이들은 여전히 표준편차의 극단에 위치하며 막대한 부를 창출하고 있다. 하지만 엑손모빌, GE 그리고 IBM은 다르다. 이들은 여전히 미국과 글로벌 경제에 큰 영향을 미치지만, 과거 대비 제한적이다. 아마 베셈바인더가 현재 시점에 논문을 다시 작성한다면 엔비디아, 구글 그리고 메타 같은 기업들이 이들의 자리를 대체할 것이다.

지수 사업자인 러셀^{Russell}이 산출한 1980년 이래 미국의 시가총액

Top 10 기업들의 추이를 보면 산업의 트렌드가 실제로 어떻게 변화해 왔는지 알 수 있다. 1980년부터 2010년은 IBM, GE 그리고 엑손모빌의 세상이었다. 이들에 비해 마이크로소프트와 애플은 비교적 최근에 와서 두각을 나타냈다. 마이크로소프트는 2000년대 7위였으며, 2010년에 들어와 3위에 올랐다. 애플은 2000년에 존재감이 미미했으며 2010년에 2위에 등극했다. 반면 2024년 데이터를 보자. 어디에도 IBM, GE 그리고 엑손모빌을 찾아볼 수 없다.

표 28-1 미국 시가총액 순위 추이

	1980	1990	2000	2010	2020	2024	2025.3
1	IBM	IBM	GE	ExxonMobil	Apple	Microsoft	Apple
2	AT&T	Exxon	ExxonMobil	Apple	Microsoft	Apple	Microsoft
3	Exxon	GE	Pfizer	Microsoft	Amazon	Alphabet	NVIDIA
4	Amoco	Altria	Cisco	GE	Alphabet	Nvidia	Amazon
5	Schlumberger	RD Shell	Citigroup	Chevron	Facebook	Amazon	Alphabet
6	Shell	Bristol-Myers	Wal-Mart	IBM	Tesla	Meta	Meta Platforms
7	Mobil	Merck	Microsoft	P&G	Berkshire	Berkshire	Berkshire Hathaway
8	Chevron	Wal-Mart	AIG	AT&T	J&J	Eli Lilly	Tesla
9	Arco	AT&T	Merck	J&J	JPMorgan	Broadcom	Broadcom
10	GE	Coca-Cola	Intel	JPMorgan	Visa	Tesla	Eli Lilly

(출처: S&P, Russell Investments)

현재 IT 기업들이 세계 경제를 지배하기에 이들이 시가총액 최상위를 차지하는 게 당연하다고 느껴질 수 있지만, 최근 10~15년 사이의 일이다. 섹터와 산업은 돌고 돈다. 영원히 지속되는 테마는 없다. 지금 시점에서는 도저히 상상하기 힘들지만 미래에 마이크로소프트나 애플 등을 제치고 새로운 기업들이 왕좌를 차지할 수 있다.

다만 그럼에도 변치 않는 사실은 통계 그 자체다. 대부분의 부는 소수의 기업이 창출하며, 이는 1926년부터 2016년까지 90년 동안 증명됐다. 시대를 대표하는 기업을 사전에 예측하기는 극도로 힘들다. 동시에 권좌의 자리 또한 바뀐다. 엑손모빌, GE 그리고 IBM 등이 시대를 주도했지만 결국 내려왔듯이 말이다. 그렇지만 이러한 과정이 반복되며 지수라는 시장 전체의 부가 증가한다.

그러므로 ETF 투자의 본질을 유지하며 동시에 S&P 500 같은 일반적인 지수보다 더 높은 수익률을 달성하기 위해서는 시가총액이 큰 최상위 기업들의 비중이 큰 압축된 지수를 선택해야 한다. 예를 들어 최상위 기업 10개로 구성된 Top 10 ETF, 혹은 20개로 구성된 Top 20 ETF 등 말이다. 이것은 보편적인 지수에서 살짝 벗어났지만, 지수를 견인하는 최상위 기업들에만 투자한다는 점에서 패시브 원칙을 고스란히 유지한다. 트렌드는 계속 변하지만 소수의 기업은 지속적으로 부의 상당 부분을 창출한다는 점, 이것이 시장의 유일한 테마다.

그러므로 현시점에서 베셈바인더의 결과물을 다시 그려본다면 다음과 같을 것이다.

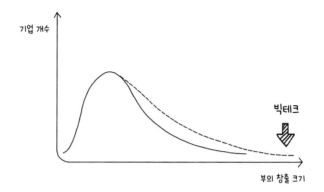

시간이 지날수록 소수의 기업은 극단에 앉아 더 많은 부를 창출하며,
전체 지수에 막강한 영향력을 행사할 것이다.

성공적인 ETF 투자를 위한

CHAPTER 29

10계명

지금까지 다룬 모든 내용을 정리해 보자. ETF 투자 결정에 앞서 다음과 같은 질문들과 가이드를 숙지한다면 장기적으로 투자에 좋은 결과를 낼 수 있다고 생각한다.

1. ETF 투자는 중·장기적으로 가장 우월한 전략이다.

- 시장에서 구사할 수 있는 모든 투자 전략의 기댓값은 결국 시장 평균 수익률로 수렴한다. 표준편차가 무엇인가? 표본 값의 집합이다. 그러므로 어떤 투자 방식과 전략을 선택하더라도 합리적으로 기대할 수 있는 값은 바로 표준편차의 중앙, 즉 시장 평균 수익률이다. 아무리 휘황찬란한 투자 전략을 구사하더라도 표준편차 밖에서 존재할 수 없다. 그러므로 ETF 투자는 확률적으로, 그리고 장기간에 걸쳐 가장 우월한 전략이다.

2. 투자하려는 시장이 달러 유동성의 상류에 위치해 있는가, 아니면 하류에 위치해 있는가?

- 물은 위에서 아래로 흐르고 혈액은 심장에서 시작돼 주요 장기들을 거쳐 손과 발끝을 향한다. 금융시장에서 혈액과 같은 달러 또한 중심부인 선진국에서 외곽인 신흥국으로 흐른다. 투자하려는 시장은 심장인가? 아니면 그 중심의 장기들인가? 아니면 손과 발끝인가?

3. 달러 유동성이 어디쯤 위치해 있는가? 상류에만 머물고 있는가, 아니면 하류까지 내려왔는가?

- 달러 유동성은 시차를 두고 심장에서 손과 발끝을 향해 흐른다. 손과 발끝에 해당하는 신흥국에 달러가 충분해지면 근원지인 미국은 유동성이 넘쳐 인플레이션을 고민하고 있을 수 있다. 그리고 인플레를 막기 위해 중앙은행이 수도꼭지를 잠글 경우 달러는 가장 먼 곳에 위치한 신흥국부터 회수된다. 날씨가 추워지면 손과 발부터 얼어붙는다.

4. 달러 약세나 강세에 대한 전망은 달러 스마일을 참고하라.

- 달러는 다른 통화들과 달리 호황과 불황의 모든 경우에 강세를 보일 수 있다. 미국 경제가 다른 국가들을 압도하면 미국으로 자본이 유입되며 달러 강세가 나타난다. 반면 불황과 전쟁 같은 위기 발생 시 안전자산 선호 심리로 달러는 강해진다. 달러가 약해지는 유일한 구간은 미국의 성장률이 기타 국가들과 유사할 때다.

5. 베셈바인더의 통계를 상기하자. 영원한 테마는 존재하지 않는다.

- 90년 동안 2만 5,300개의 주식들은 채권 대비 추가적으로 35조 달러 규모의 자산을 창출했으며 이 중 5개의 최상위 기업이 10%를 차지한다. 하지만 권좌를 유지하는 기업은 이제 2개에 불과하다. IBM, 엑손모빌 그리고 GE 모두 예전과 같은 명성을 누리지 못한다. 즉 대부분의 테마는 영원하지 않다. 그렇기에 테마형 ETF는 장기 투자에 적합하지 않다. S&P 500과 같은 일반적인 지수를 추종하는 ETF로 중심을 잡되 테마형 ETF를 일부 병행하는 전략이 보다 적합하다.

6. 그럼에도 더 큰 리스크를 원한다면 최상위 기업들에 대한 집중도가 상대적으로 높은 지수를 선택하라.

- 통계적 진실은 소수의 기업만이 꾸준하게 부를 창출한다는 점이다. 그러므로 추가적인 수익률을 얻고 싶다면 표준편차 오른쪽 극단에 존재하는 최상위 기업들의 비중을 높여야 한다. S&P 500이나 나스닥의 최상위 기업 10개로 이뤄진 Top 10 혹은 20개로 만들어진 Top 20 인덱스 등이 옵션이 될 수 있다. 더불어 부의 편중 현상은 시간이 지날수록 더욱 심화될 가능성이 크다.

7. 환율 리스크를 제거하는 환헤지 ETF는 매력적이다. 단 헤지의 대상이 되는 통화가 원화 대비 고금리 통화인지, 저금리 통화인지 생각해 보자.

- 환율 변동을 제거하는 환헤지 ETF는 매력적인 투자 상품이다. 특히 환율이 높을 때 말이다. 단 헤지의 대상이 되는 통화가 고금리인지, 저금리 통화인지 살펴봐야 한다. 고금리 통화에 대한 환헤지는 프리미엄을 지급해야 하며, 반대로 저금리 통화에 대한 환헤지는 프리미엄을 받는다. 달러는 원화 대비 고금리, 그리고 엔화는 대표적으로 원화 대비 저금리 통화다.

8. 레버리지/인버스 그리고 원자재 ETF들은 모두 매력적인 상품이지만 구조와 원리를 잘 이해해야 한다.

- 레버리지와 인버스 ETF 모두 시간이 지날수록 디케이 현상을 겪는다. 이들은 횡보하는 구간에서도 손실이 발생해 장기 투자에 적합하지 않다. 시장 방향성에 대한 아주 명확한 확신이 들 때 단기 투자 목적으로만 활용해야 한다. 진입 시 스스로에게 꼭 다짐하자.

"이는 단기 투자용이다."

- 원자재 ETF는 만기에 파생 계약을 롤오버하는데 이때 선물 가격의 추이에 따라 콘탱고나 백워데이션이 발생한다. 대부분의 경우 그 차이가 크지 않지만, 코로나 같은 특수한 상황에서는 슈퍼 콘탱고와 같은 현상이 발생한다. 그러므로 원자재 ETF는 일반적인 주식형 ETF와 달리 추종하는 벤치마크 지수 대비 수익률의 차이가 발생할 수 있다.

9. 동일한 지수를 추종한다면 비용이 더 낮고 사이즈가 더 큰 ETF를

선택하라.

- 72의 법칙을 외우자. 자산이 2배가 되기 위해 소요되는 시간은 72를 특정 수익률로 나눈 값이다. 가령 수익률이 10%라면 원금이 2배가 되는 데 걸리는 기간은 7.3년이다. 반면 9%라면 8년이 소요된다. 8%라면 9년이다. 그렇기에 비용은 한 해 관점에서 본다면 미미하지만 누적될 경우 어마어마한 격차를 만든다. 투자 수익률은 복리의 마술과 복리 횡포 사이의 줄다리기다. 낮은 비용은 확정적으로 좋다.

- ETF 사이즈가 커지면 자연스럽게 거래량이 많아지고 매수호가와 매도호가의 차이인 스프레드가 좁아진다. 동시에 괴리율을 관리하는 LP들 또한 늘어난다. 그러므로 모든 조건이 동일하다면 AUM이 더 큰 ETF를 택하라.

10. ETF의 꽃은 벤치마크, 즉 지수다. 그러니 틈틈이 지수에 대해 공부한다면 어떠한 ETF가 등장하더라도 빠르게 이해할 수 있다.

- 지수를 벤치마크로 삼는 ETF의 구조상 지수에 대한 이해가 곧 ETF에 대한 이해로 이어진다. 그러므로 다양한 지수들에 익숙해지는 것을 추천한다. 주식형, 채권형, 원자재 등 지수에 대한 이해도가 넓어질수록 ETF를 통해 구사할 수 있는 투자 전략도 다양해진다.

선구자들의 유산

자산 운용사, 유동성 공급자, 지수 사업자, CU, 차익거래.

지금까지 ETF를 둘러싼 다양하고 복합적인 개념들이 등장했다. 이 모든 것이 하나로 합쳐져 ETF를 이룬다. 그런 의미에서 전반적인 금융 산업이 ETF라는 상품 하나에 집약되어 있다고 해도 과언이 아니다. 다만 수많은 개념과 정보를 뒤로하고 이 책의 내용을 처음부터 끝까지 관통하는 단어를 하나 꼽자면 바로 '벤치마크'다.

여러 차례 책에서 언급했듯 제조업과 달리 금융은 상대성 게임이다. "10%의 수익률은 좋은가, 나쁜가. 5%의 수익률은 높은 것인가, 낮은 것인가." 이 모든 비교와 가치 판단은 기준을 토대로 비로소 평가 가능하다. 플레이하는 게임의 벤치마크가 무엇인지 명확히 인식해야 한다. 해당 관점에서 본다면 ETF는 어느새 금융시장의 벤치마크가 됐다.

다만 여기까지 오는 데 많은 시간이 걸렸다. 이는 개인의 노력으로 이뤄진 결과물이 절대 아니다. 네이트 모스트가 만들었지만 그전에 보글의 인덱스 펀드가 있었기 때문에 가능했다. 하지만 그 가치를 알아보고 산업화한 공로는 핑크의 몫이 크다. 보글은 ETF 사업에 반대했고, 모스트가 몸담았던 바클레이즈는 iShares ETF 사업 부문을 매각했다. 우여곡절 외에도 많은 조소와 비판이 따랐다. 지금에 와서는 황당무계하지만, 심지어 공산주의나 마르크스주의보다 안 좋다는 비판이 존재했다. 이 모든 역경과 비난을 이겨낸 결과물이 작금의 ETF다.

우리는 이제 주변에서 다음과 같은 얘기를 쉽게 접할 수 있다. "S&P 500 ETF나 투자하지 뭐." "나스닥에 투자하고 그냥 신경 *끄자*." "ETF 수익률 이길 자신 없으면 주식투자 하지 마라." 코로나 이전까지 해외 주식투자에 대한 개념 자체가 생소했던 시기를 상기하면 엄청난 변화다. 그리고 이는 좋은 변화다.

사람들은 이제 예금·적금을 당연한 기준으로 생각하지 않는다. 미국 중심의 ETF 투자가 새로운 기준이 되고 있다. S&P 500 지수와 나스닥 같은 태평양 건너 타국의 증시를 우리는 언제부터 이렇게 자연스럽게 받아들일 수 있게 됐을까? 과정이 길었을 뿐, 머릿속에 자리 잡은 이 기준은 한동안 투자를 바라보는 우리의 사고를 지배할 것이라고 생각한다. 비단 공모 펀드뿐만 아니라 벤처캐피탈, 사모펀드 그리고 헤지펀드 등 액티브 전략을 구사하는 모든 투자 전략은 명시되지 않았을 뿐 극복해야 하는 벤치마크가 생겼다.

　투자 세계에 ETF라는 기준을 만든 것, 이것이 바로 선구자들의 유
산이다.

_안해성

성공적인 개인 투자를 위한
ETF 안내서

초판 1쇄 인쇄 2025년 5월 7일
초판 1쇄 발행 2025년 5월 28일

지은이 안해성
펴낸이 임충진
펴낸곳 지음미디어

편집 정은아
디자인 이창욱

출판등록 제2017-000196호
전화 070-8098-6197
팩스 0504-070-6845
이메일 ziummedia7@naver.com

ISBN 979-11-93780-16-9 (03320)
값 19,800원